성공의
3대
원칙

가족을 사랑한다.
맹렬하게 일한다.
열정적으로 산다.

크러쉬 잇!

CRUSH IT!
WHY NOW IS THE TIME TO CASH IN ON YOUR PASSION

당신의 콘텐츠가
비즈니스가 된다

CRUSH IT!

게리 바이너척 지음
최소영 옮김 | 정진수 감수

크러쉬 잇!

천그루숲

 게리 바이너척의 베스트셀러 《크러싱 잇! SNS로 부자가 된 사람들》이라는 책을 읽으며, 저자의 첫 번째 책인 《크러쉬 잇!CRUSH IT》의 내용이 궁금해졌다. SNS로 인생을 바꾼 21명의 스토리가 담겨 있는 《크러싱 잇!》을 보며 《크러쉬 잇!》에는 어떤 내용이 실려 있길래 수많은 사람들이 열광하고 있는지 궁금해하던 차에 출판사에서 《크러쉬 잇!》의 감수 의뢰를 받았다.

 《크러쉬 잇! 당신의 콘텐츠가 비즈니스가 된다》라는 제목으로 출간되는 이 책은 평소 내가 SNS 강의를 진행하며 SNS

의 중요성과 열정을 강조하는 부분과 맥락을 같이 하고 있었다. 출판사에서 나에게 감수를 의뢰한 의도를 알 수 있었다.

나 역시 조직에서 SNS 홍보업무 및 컨설팅을 진행하다 지금은 '온라인은 누구에게나 동등한 기회를 제공한다'는 모토로 SNS 감성마케팅을 강의하고 있다 보니 게리 바이너척이 주장하고 있는 퍼스널 브랜딩의 중요성에 대해 누구 못지 않게 공감한다. 특히 SNS를 통해 자신을 브랜딩하여 열정적인 삶을 누릴 수 있다는 점은 과거에도 그렇고, 지금은 물론 앞으로의 미래에도 변하지 않는 본질일 것이다.

저자가 말하는 인생 성공의 3대 원칙은 이 책을 읽는 내내 나의 가슴속에 계속 남아 있었다. 이 부분은 아마 이 책을 읽는 독자 여러분들도 마찬가지일 것이다.

이 책은 당신의 DNA를 믿고 그에 따라 열정적으로 퍼스널 브랜드를 구축하면 남들과 다른 성공적인 인생을 살 수 있다고 말하고 있다. 어찌 보면 뻔한 자기계발적인 이야기 같지만 책을 읽는 내내 저자가 진심으로 독자들의 성공을 바라고 있다는 것을 느낄 수 있었다. 나는 저자의 의도에 맞춰 지금의 SNS 환경에 맞게끔 몇 가지 조언을 했을 뿐이다. 그만큼 이 책은 시기와 도구에 상관없이 SNS를 하고 있는, 그리고 해야 하는 모든 사람들에게 진정성, 간절함, 열정을 전하고 있다.

　이 책《크러쉬 잇!》을 다른 사람들보다 먼저 접할 수 있는 기회를 준 천그루숲에 감사의 마음을 전하고 싶다.

정진수

시간은 덧없고, 메시지는 영원하다

오늘날 우리는 빠르게 변화하는 디지털 환경 속에서 페이스북, 인스타그램, 유튜브 등 다양한 소셜미디어 플랫폼을 통해 끊임없이 서로를 연결하고자 기회를 찾고 있다. SNS의 발달은 더욱 세밀하고 구체적인 정보 공유를 가능하게 하여, 과거 어느 때보다 더 높은 수준의 연결성과 활동반경을 제공하고 있다. 이를 통해 사용자들은 개인적·사회적 네트워크를 확장하며, 자신의 목소리를 더욱 널리 퍼뜨릴 수 있는 강력한 도구를 가지게 되었다.

이처럼 SNS는 사람들이 적극적으로 활용하는 주요 커뮤니케이션 도구로 자리 잡았으며, 그 영향력의 범위와 한계가 어디까지일지 예측하기 어렵다. 특히 SNS 플랫폼은 바뀔지라도 앞으로 진화를 거듭하며 우리에게 많은 놀라움을 선사할 것이다. 우리는 이러한 변화에 능동적으로 대처할 수 있는 준비를 갖추어야 한다. 아직도 갈 길이 멀다.

당신이 하는 일이 무엇이든, 이 책을 허투루 읽지 말고 내가 하는 모든 말을 하나하나 가슴에 새기기 바란다. 나는 이 책에서 SNS를 유익하게 활용할 수 있는 단계별 과정의 청사진을 제시할 것이다. 나에게는 잘 통하는 방법이었다. 그러나 6개월 뒤, 또 1년 뒤에는 상황이 또 달라져 있을 것이다. 그때 무언가 당신의 레이더를 가동시키는 플랫폼이나 트렌드, 사회적 기류가 감지된다면 반드시 그것을 따라야 한다. 내가 언급한 것이든 아니든, 그 물에 발을 담그기를 두려워하지 마라. 당신의 DNA가 하는 말에 귀를 기울여라.

DNA는 언제나 당신을 옳은 길로 인도할 것이다. 다만 이것만은 반드시 명심했으면 한다.

"금전적인 성공이든, 개인적 또는 직업적인 성공이든, 진정한 성공은 무엇보다 가족에 대한 사랑과 성실성, 열정적인 삶에서 비롯된다. 또한 진정한 성공은 당신만의 이야기를 들려줄 때, 진정성과 추진력·인내심을 보여줄 때, 크고 작은 온갖 일들을 지독하리만치 세심하게 돌볼 때, 돈보다 유산을 중요시할 때 비로소 가능해진다. 지금은 SNS가 중요한 세상이지만 영원히 그렇지는 않을 것이다. 그러나 이 책에서 강조하는 개념들의 중요성은 앞으로 비즈니스 플랫폼이나 사회적 현상이 어떻게 변하든 영원불변할 것이다."

게리 바이너척

Contents

Chapter 1
열정, 성공의 길잡이

Chapter 7
언제나 진실하라

Chapter 8
커뮤니티를 공략하라

Chapter 9
최고의 마케팅 전략

Chapter 10
이제 세상에 알려라

Chapter 11
수익을 만드는 방법

Chapter 12

변화에 발 빠르게 대처하라

Chapter 13

돈보다 위대한 유산

Chapter 1

열정,
성공의 길잡이

■ **일러두기**

이 책에서 소개하는 SNS 플랫폼인 '트위터'는 2023년 7월 브랜드명을 'X'로 바꾸었다. 하지만 아직까지 많은 사람들이 '트위터'로 인지하고 있어 '트위터'와 'X'를 병기해 '트위터(X)'로 표기했다.

간절함이 절실하게
필요한 시대

——————————— ●

'얼마나 간절히 무언가를 이루고 싶은가?'

'하루 종일 그 생각에 푹 빠져 사는가?'

'용솟음치는 아이디어와 꿈으로 밤새 잠을 못 이루는가?'

'당신이 바라는 대로 살 수 있는 기회를 잡을 수만 있다면

어떤 대가라도 기꺼이 치르겠는가?'

만약 그렇다면 당신은 행운아다. 아직까지 세상은 원대한 꿈과 에너지, 끈기만 있다면 기회는 얼마든지 넘쳐나는 시대니까! 내 말을 믿어도 좋다. 내가 바로 그 산 중인이다.

사업을 시작하면서 나는 부족한 인터넷 지식으로 페이스

북, 트위터(x), 블로그 같은 소셜미디어를 활용해 대단히 성공적이고 수익성 좋은 퍼스널 브랜드를 구축해 낸 꽤 특이한 사람 축에 속했다. 당시에는 업계가, 더 나아가 사회가 변하고 있다는 사실을 인정하는 사람이 많지 않았다.

새로운 사업에 뛰어들 열정과 의지만 있다면 상상도 못했던 부와 행복을 가져다줄 성공의 도구가 있다고 조언해 주려 했어도 그때는 내 말을 선뜻 믿는 사람이 없었다. 하지만 지금은 당신도 알다시피 그런 기회가 무궁무진하다.

나의 성공 스토리는 이제 더 이상 특별한 케이스가 아니다. 당신도 이제는 간절히 바라기만 하면 훨씬 더 적은 시간과 돈을 투자하고도 훨씬 더 빨리 성공 스토리를 쓸 수 있을 것이다.

━━━ •

내가 단시간 내에 얼마나 큰 변화를 겪었는지 들어보라.

나는 1998년에 아버지가 운영하던 동네의 주류 판매점인 쇼퍼스 디스카운트 리커즈Shopper's Discount Liquors를 물려받아

(당시 연 매출 400만 달러(약 55억 원)) 7년 만인 2005년에 5,000만 달러(약 690억 원)의 매장으로 키워냈다. 실로 뿌듯한 일이 아닐 수 없다. 그러나 이 성공의 비결에는 거기에 들인 고생은 말할 것도 없거니와 〈뉴욕타임스〉 〈와인 스펙테이터〉 등의 신문·잡지는 물론이고, 라디오와 지역 TV의 광고료에 수백만 달러가 들어갔다. 이때를 내가 SNS를 통해 퍼스널 브랜드를 구축하기 시작했을 때와 비교해 보면, 흘린 땀은 물론이고 그보다 훨씬 더 적은 돈(15,000달러 미만)이 들었다. 기억해 두라. 수백만 달러와 15,000달러이다. 그리고 과거 어느 때보다 더 즐겁고 행복하게 일하고 있다.

당신도 땀을 흘릴
각오가 되어 있지 않은가?
열정이 넘치고
땀 흘릴 각오만 되어 있다면
연줄이나 학력,
돈이 좀 부족하더라도
무엇이든 이룰 수 있다.

성공의 3대 원칙을 지켜라

━━━━━━━━ ●

　당신이 이 책을 선택한 이유는 아마도 나의 성공비결을 알고 싶어서일 것이다. 그런데 내 성공비결은 대단하지 않다. 단순한 세 가지 원칙을 지키며 살아왔을 뿐이다.

　　　가족을 사랑한다.

　　　맹렬하게 일한다.

　　　열정적으로 산다.

　이게 전부다. 여기서 인터넷이나 소셜미디어, IT 따위는 언급도 하지 않았음을 주목하라. 이런 것들이 그동안 내가 일군 성과에 크나큰 역할을 했음에도 불구하고 말이다. 그 이유는 내가 성공의 기준을 '사업 규모가 얼마나 커졌는가' '얼마나 많은 돈을 벌었느냐'가 아니라 '얼마나 행복한가'에 두고 있기 때문이다. 단순히 세 가지 원칙을 지키며 살아온 덕분에 나는 지금 100% 행복하다.

내 말을 못 믿겠다고? 불가능한 일이라고? 장담컨대 분명 가능한 일이다.

당신이 아직 첫 번째 원칙을 지키지 않고 있다면 지금 당장 실천해 보라. **가족을 소중하게 여기지 않는 사람에게는 이 책에서 내가 말하고자 하는 바가 다 무용지물일 테니까! 언제나 가족이 최우선이다.** 만약 가족을 우선시하고 열심히 일하고 있는데도 불구하고 100% 행복하지 않다면, 그건 아마 열정적으로 살고 있지 않기 때문일 것이다. 세 번째 원칙이 성공비결 세 가지 중 하나에 불과하긴 하지만, 이 원칙은 사실상 오늘날 우리가 살고 있는 치열한 비즈니스 환경에서 성공의 문을 여는 핵심 열쇠일 것이다.

그렇다면 '열정적으로 산다'는 건 과연 어떤 것일까?

열정이 있으면 매일 아침 벅찬 기대감으로 눈을 뜨게 된다. 이제 곧 세상에서 가장 재미난 일을 하게 되고 즐거운 이야기를 나누게 될 테니까! 휴가를 손꼽아 기다리지도 않게 된다. 일이 곧 놀이이고 휴식인지라, 지금 하고 있는 일에서는 휴식이 필요하지 않을 것이다. 얼마나 장시간 일하는지에도 신경이 안 쓰인다. 열정이 있는 사람에게는 일이 사실상 일이 아니기 때문이다. 그 일로 돈을 벌긴 하지만, 열정이 있는 일이므로 돈을 못 벌더라도 개의치 않을 것이다.

당신의 이야기도 이와 비슷한가? 당신은 진정한 삶을 살고 있는가, 아니면 그저 생계만 꾸리고 있는가? 많은 시간을 직장에서 보내고 있지만, 가슴 설레지 않은 일을 하면서 시간을 낭비하고 있지는 않은가? 그렇게 살기엔 인생이 너무 짧지 않은가? 당신은 이제 더 나은 삶을 위해 과감한 변화를 도모해야 한다.

지금 당장 온라인에 접속하여
그곳에 마련된 성공의 도구들을 시작하라.

당신이 진정
알아두어야 할 것들

━━━━━━━━━━ ●

    나는 이 책에서 내가 지금 활발하게 사용하고 있는 SNS Social Network Service 도구들을 설명할 것이다. 물론 당신도 SNS 를 통해 주위 사람들과 관심사를 활발하게 공유하고, 그 사람들에게 원하는 상품을 파는 등 그동안의 세상과는 전혀 다른 삶을 살고 있을 것이다. 이제 나는 이런 SNS 도구들을 당신의 비즈니스뿐 아니라 강력한 퍼스널 브랜드 구축에 활용하는 방법에 대해 알려 줄 것이다.

    내 조언을 따른다면 당신은 큰돈을 버는 것은 물론이고 간절히 바라던 행복까지 얻을 수 있을 것이다. 이미 열정적으로 살고 있지만 사업을 더 번창시킬 방법을 고민 중인 사람이라면 그것을 위한 참신한 아이디어도 얻을 수 있을 것이다. 기존의 상품이나 서비스와 관련하여 강력한 브랜드 정체성을 확립하고자 하는 사람도 마찬가지다.

앞으로 우리는 다음과 같은 주제들을 살펴볼 것이다.

- 어떻게 하면 당신의 열정을 고스란히 블로그에 담아, 수천 명의 방문자들로 하여금 당신의 퍼스널 브랜드를 공감하게 만들 수 있을까?
- 진정성이란 무엇일까?
- 어떻게 하면 광고주들의 관심을 끌어 수십억의 광고비를 당신에게 떼어주고 싶어 안달 나게 할 수 있을까?
- 소셜미디어를 통한 퍼스널 브랜드 구축이 분야를 막론하고 직업적 생존과 발전에 결정적인 이유는 무엇일까?
- 현재의 직장생활이 만족스럽다 하더라도 직장을 그만두고 퍼스널 브랜드를 중심으로 한 창업을 계획해야 하는 이유는 무엇일까?
- SNS는 어떻게 차세대 소셜 트렌드를 파악하고 돈벌이 기회를 찾는데 필요한 데이터를 구축해 줄까?

- 실력과 소셜 네트워커들이 커뮤니티에서 환영을 받는 이유는 무엇이며, 어떻게 하면 당신도 그러한 사람이 될 수 있을까?
- 온라인상의 대화 상대들과의 어떻게 관계를 맺으면 모두 수익으로 연결시킬 수 있을까?
- 최고의 마케팅 전략은 무엇일까?
- 다양한 수입원을 어디에서 찾을 수 있을까?
- 자기만의 스토리를 만들고 브랜드 이미지를 강화하기 위해 기업은 SNS를 어떻게 활용해야 할까?
- 성공적이고 탄탄한 브랜드와 비즈니스를 구축하기 위해 현금과 부동산보다 더 위대한 유산을 만들 수 있는 방법은 무엇일까?

SNS는 기업과 소상공인들에게 고객과 소통하고 메시지를 직접 전달할 수 있는 전례 없는 기회를 가져다주었다. 소셜미디어의 대단한 확장력과 영향력을 열정적으로 이용하는 사람들은 지금껏 경험해 보지 못한 차원으로 도약할 수 있는 발판을 가지게 될 것이다.

판이
바뀌고 있다

인쇄술의 발명 이래 최대의 문화적 변화를 가져온 것이 인터넷이라는 사실은 우리 모두 알고 있다. 그러나 인터넷이 경영방식에까지 거대한 변혁을 일으키고 있다는 사실은 아직 많이들 받아들이지 못하고 있는 듯하다. 오늘날 인터넷은 단순히 뉴스 기사 검색이나 온라인 쇼핑에 많은 시간을 소비하는 것을 넘어 페이스북, 유튜브, 인스타그램 등의 SNS를 통해 거대한 커뮤니티를 형성하며 제2의 터전을 만들었다. SNS가 사람들의 시선이 머무는 곳이라면 비즈니스도 당연히 그쪽으로 시선을 돌려야 마땅하다. 이제 SNS를 중심으로 한 새로운 비즈니스 전략은 더 이상 선택이 아닌 필수가 되었다.

돈은 사람들이 모이는 곳으로 흘러가게 마련이다. 광고주들은 소비자가 있는 곳을 열심히 찾아다닌다. 과거 그들은 라디오, TV, 신문, 잡지와 같은 전통적인 매체에 돈을 쏟아부었다. 하지만 이제 이런 플랫폼을 떠나 시시각각 온라인 세상으로 눈을 돌리고 있다. 이런 상황에서도 기존의 매체들은 여전히 생존에 필요한 더 쌈박하고 가치 있는 비즈니스 모델을 찾지 못하고 있다. **그들의 시대는 끝났다.** 전통적인 매체의 생존자들이 이런 새로운 변화에 적응하지 못한다면, 앞으로 10년 뒤에는 우리 아이들이 박물관에 있는 공룡 뼈와 화석을 볼 때와 똑같이 호기심 어린 눈으로 그들을 바라보게 될 것이다.

광고주들은 생존을 위해 돈을 쓸 수밖에 없다. 그런데 그 돈을 당신에게 쓰지 말란 법이 어디 있겠는가? SNS를 이용해 퍼스널 브랜드를 구축하게 되면 사실상 당신은 그들에게 호의를 베풀 수 있는 위치에 서게 된다. 그리고 누구나 약간의 시간과 노력을 투자하면 다양한 SNS 플랫폼들을 활용해 사업을 키울 수 있다. **이런 플랫폼은 게임에 동참할 생각이 있는 사람들 누구에게나 열려 있다. 이제 당신이 이 게임에 동참할 때다.**

이 책에서 나는 충격적이고
과감한 발언들을
마구 쏟아낼 것이다.
막말꾼으로 보이고 싶은 생각은
추호도 없다.
내가 하는 말들은 모두 오래도록
심사숙고한 끝에 나온 결과물이다.

이제 핑계는
그만!

━━━━━━━━━ •

이렇게 말하는 사람이 있을지도 모르겠다.

"이봐요, 게리. 내가 관심 있는 분야는 와인처럼 근사하지도 않고 소매에 적합한 업종도 아니에요."

"난 리니지 게임이 훨씬 좋아요."

"난 벨리 댄스 생각뿐이에요."

"내가 할 일 없이 친구들과 지하실에 틀어박혀 카드 게임이나 한다고 아내가 늘 핀잔이에요."

"사업을 하고 싶긴 한데 돈이 없어요."

"주택담보 대출에다 학자금 대출까지 있고, 아이들도 돌봐야 하고, 자동차 할부금까지 갚아야 돼요."

그만하면 됐다. 하지만 페레즈 힐튼Perez Hilton도 그랬고, 제이 프랭크Ze Frank나 제시카 모건Jessica Morgan도 시작은 마찬가지였다. 그래도 그들은 모두 성공했고 당신도 성공할 수 있다. **지금 당장 시작하라.**

또 누군가는 이렇게 말할 수도 있다.

"게리, 요 몇 년간 뉴스 못 봤어요? 경기가 너무 안좋아요. 사람들이 실직도 많이 했고요. 소비자들은 예전만큼 돈도 안 쓰고, 광고주들은 훨씬 보수적이 됐죠. 내가 이 책을 읽는 건 사업을 시작할 적기가 올 때를 대비해 미리 계획을 세워 두려는 거예요."

하지만 수익성이 아주 없는 사업을 시작하려는 게 아니라면 사업을 시작하기에 나쁜 때란 없다. 나는 오히려 경기 침체기가 목표를 확실히 정해 성과를 이뤄낼 수 있는 절호의 기회라고 생각한다. 어려운 시기에 승승장구할 수 있는 사람은 언제든 승승장구할 수 있다. 그렇다. 우리는 그동안 사업을 시작했다가 접는 사람들을 무수히 많이 보아 왔다. 그러나 그들이 시대에 걸맞는 차별화된 상품이나 서비스를 제공했더라면, 변화에 적응하고 무엇보다 자기만의 스토리를 들려주는 방법을 알고 있었더라면 아마도 폐업까지는 하지 않았을 것이다.

듣기 거북한 얘기인 줄은 알지만 이 책을 계속 읽으면서 지금 세상이 어떻게 바뀌고 있는지, 기업이든 개인이든 뚜렷한 족적을 남기기 위해 무엇을 해야 하는지를 알고 나면 내 말에 공감이 갈 것이다. 경기 호황기에는 경기가 좋지 않았다면 벌써 망했을 기업들도 대부분 그럭저럭 버틴다. 하지만 경기 흐름이 바뀌고 나면 최고 이외에는 설 자리가 없어진다. 당신은 어떤 업종을 시작할 계획이었는가? 평범한 업종인가, 획기적인 업종인가? 당신은 옳은 답이 무엇인지 알고 있을 것이다. **이 책의 조언을 잘 따른다면 당신은 당신이 사업을 계속하고자 하는 한 계속 건재하고 수익도 좋을 것이다. 게다가 일을 하면서 상상을 초월하는 행복감도 맛보게 될 것이다.**

———— .

어쩌면 실직 상태로 매일 몇 군데씩 이력서를 보내고 전화 문의를 하고 난 뒤 이 책에 있는 아이디어를 몇 가지 실천해 볼까 생각하는 이도 있을지 모르겠다. 그런데 이것 하나만 물어보자. 당신은 전에 다니던 직장에서 일할 때 아침마다 출근하고 싶어 잠자리에서 벌떡 일어났는가? 그렇지 않았다면 어째서 그와 별반 다를 게 없는 또 다른 직장을 구하려고 하는가? 왜 똑같은 일을 또 하려고 하는가? 당신 앞에는 지금 어마어마한 기회가 놓여 있다. 지금의 여유시간을 활용해 당신은 스스로를 재창조하고 지금까지 걸어온 길과는 전혀 다른 길을 가야 한다. 아마도 그 길은 '그동안 수고하셨습니다'라는 문구가 새겨진 시계나 선물받고, 그럴듯한 송별회로 직장에서 내쫓기게 되지 않는 유일한 길일 것이다.

당신의 삶에 열정을 불어넣는다면 당신은 지금보다 훨씬 더 잘할 수 있다. 그렇게 되면 일과 개인적인 삶에 더 이상 구분을 두지 않게 될 것이다. 즐겁게 일하다 보면 일이 힘들지 않게 느껴질 테니까 말이다.

아직 직장에 다니고 있는 사람들, 심지어 만족스럽게 직장생활을 하고 있는 사람들에게도 이 책은 유용할 것이다.

다가오는 미래의 변화에 발맞춰 가며 경쟁력을 유지하고 싶다면 내 말을 명심하라. 세일즈, 기술, 금융, 출판, 언론, 이벤트 기획, 사업 개발, 소매, 서비스 등 어떤 분야에서 일하고 있든 당신은 퍼스널 브랜드를 개발하고 키울 필요가 있다. **당신이 누구든, 어떤 분야에서 일하고 있든 간에 자기 자신을 브랜드로 생각해야 한다.** 이것은 더 이상 선택이 아닌 필수다.

———·

내 DNA는 나에게 창업을 하고 대담하게 사업을 확장해 나가라고, 경쟁을 물리치고 최고의 자리에 오르라고, 더 나아가 프로미식축구팀인 뉴욕 제츠^{NewYork Jets}(내가 꼭 인수하고 싶은 곳이다)를 사들이라고 부추긴다. 많은 사람들이 이 책에서 내가 성취한 일들을 보고 '대단하다!'고 말할지도 모르겠다. 나는 당연히 그들에게 들려줄 이야기가 많다. 물론 그렇게 생각하지 않는 사람들에게도 도움을 줄 수 있다.

당신은 나와는 전혀 다른 DNA를 가졌을지 모른다. 그저 사랑하는 가족을 부양하며 큰 걱정 없이 미래를 대비하고 안

락하게 사는 게 소원일지도 모른다. 문제는 그러려면 엄청나게 많은 돈이 필요하다는 것이다. 미국 직장인의 평균연봉은 7만 7,000달러 정도라고 한다(한국은 4만 7,000달러, OECD 2023년 기준). 그런데 똑같은 돈이라도 어떤 사람은 좋아하는 일을 하면서 벌고 어떤 사람은 억지로 일을 하면서 번다. 당신은 좋아하는 일로 돈을 버는 길을 택하길 바란다.

물론 안정적인 소득이 중요하고, 그런 만큼 많은 사람들이 월급에 의지하며 살아간다. 하지만 다시 한번 강조하지만 내가 소개하려는 것은 시간과 노력, 집중력이 많이 필요할 뿐 큰돈이 필요한 것은 아니다. 시작하려는 시도가 판도를 바꾸어 놓을 것이다. 꼭 여유자금이 있는 사람만 창업을 하는 것이 아니라는 것을 기억하자.

열정적으로 사는 법을 배워라. 그러면 필요한 돈을 얻게 될 뿐만 아니라 자신의 운명을 완벽히 좌지우지할 수 있는 위치에 올라서게 될 것이다. 그 자리가 너무나 안락해 보이지 않는가?

당신도
할 수 있다

당신에게 사업가 기질이 없다고? 걱정할 필요 없다. 기술은 싸고 열정은 비싸니까! 당신에게 콘텐츠가 있고, 그 콘텐츠에 대한 열정과 지식을 바탕으로 관련된 일을 누구보다 더 잘할 수 있다면, 사업적 수완은 좀 떨어지더라도 당신은 수백만 달러 규모의 사업을 시작할 잠재력을 지니고 있는 것이다. 왜 그런지 알아보자.

당신이 낚시광이고 미끼용 벌레에 대해 해박한 지식을 가지고 있다고 해보자. 벌레를 어찌나 좋아하고 벌레 이야기를 얼마나 즐기는지 실은 좀 창피하기까지 할 정도다. 그런데 벌레로 무슨 돈을 번단 말인가? 그렇지 않다. 온라인을 활용해 플랫폼을 하나 만들면 거기서 벌레 이야기를 마음껏 풀어놓을 수 있다. 열정은 전염된다. 당신의 벌레에 대한 열정을 멋진 콘텐츠를 만드는 데 쏟아붓고 이 책에서 설명하는 SNS 도구들로 그 콘텐츠를 널리 알린다면, 언젠가 나처럼 사업개발의 기회를 찾는 누군가가 그걸 보고 혹하게 될 것이다. 그러다가 어느 날 특정한 종류의 미끼를 쓸 경우 평소보다 농어를 80%나 더 많이 잡을 수 있다는 당신의 말을 듣는 순간, 당장에 사업 기회를 포착하고 당신에게 연락을 취할 것이다. 당신의 콘텐츠를 가지고 함께 유튜브나 블로그, 오디오 팟캐스트를 제작해 십억 달러 규모의 낚시산업 시장에 진출해 보자면서 말이다.

콘텐츠를 세상에 내놓은 뒤 이내 사람들의 이목이 쏠리면 이용가능한 SNS 도구와 기술을 총동원해 커뮤니티를 형성하고 거기에 아낌없이 시간을 투입해 보자. 그러다 보면 어느새 그 사이트는 광고 문의가 물밀듯 들어오는 전국 최대의 낚시용품 회사가 되어 있을 것이다. 그때부터는 입소문이 퍼지고 더 큰 광고수익이 발생하여 뭉텅이 돈이 들어오게 된다. 벌레에 대한 당신의 열정에 사업 개발자의 열정이 더해진 결과는 필연적으로 일대 파란을 몰고 올 사업체의 탄생으로 귀결될 수밖에 없는 것이다.

———— ·

소셜미디어는 적은 비용으로 충분히 활용할 수 있기 때문에 이런 일은 누구에게나 가능하다. 블록버스터 영화를 판매하던 스티브Steve는 이탈리아 영화감독 페데리코 펠리니Federico Fellini의 광팬인 스탠Stan을 발굴해 백만 달러의 매출을 내는 영화 리뷰 사업을 시작했다. 마라톤 훈련일지를 꼬박꼬박 작성하던 조앤Joanne은 마케팅 전문가 마빈Marvin을 찾아가 멋진 조깅 블로그를 만들었고, 나중에 나이키의 후원을 받아 내기도 했다. 이처럼 **소셜미디어의 세상은 누구에게나 열려 있다. 이는 곧 오늘날에는 누구에게나 비즈니스 세상이 열려 있다는 말과 같다.**

이런 시나리오에서는 모두가 승자다. 스탠과 조앤이 유명세를 누리고 있기 때문에 이들이 더 큰 수혜자로 보일 수도 있지만, 스티브와 마빈도 계속 열정적으로 살아간다면 장담컨대 언젠가는 보이지 않는 곳에서 그들이 더 성대한 파티를 열게 될 것이다. 사실 그동안 내가 얻은 온라인에서의 명성과 숱한 방송 출연 및 보도에도 불구하고, 나에게 무엇보다 더 큰 행복감을 안겨준 것은 그 이면에서 이루어진 브랜드 구축이었다. 어쩌면 이 책을 읽으면서 이런 생각을 하는 사람도 있을 것이다.

'좋아, 나는 이미 사업을 하고 있으니까 내가 스스로 새삼 열정을 불러일으킬 필요는 없을 거야. 그냥 열정적인 누군가를 찾아서 그들의 콘텐츠로 사업을 하면 되지.'

글쎄다. 만약 당신이 사업 개발과 마케팅, 세일즈에 열정을 가지고 있지 않다면 우선 열정을 가질 수 있는 일을 찾아 차라리 그 일을 하는 편이 더 나을 것이다. 그렇지 않으면 실패는 불 보듯 뻔한 일이다. 반대로, 당신이 사업 개발에 열정을 가지고 있는 사람이라면 파트너 자체가 아예 필요 없을 수도 있다. 내가 그랬으니까!

소셜미디어의 세상은
누구에게나 열려 있다.
이는 곧 누구에게나 비즈니스
세상이 열려 있다는 말이다.

소셜미디어 = 비즈니스

모든 것은
당신에게 달려 있다

———————————•

'행복한 일을 하라' '단순화하라' '연구하라' '열심히 일하라' '앞날을 내다보라' 등등 이 책에서 전하고자 하는 메시지는 전혀 새로운 것은 아니다. 내가 와인라이브러리TV(와인 테이스팅 비디오 블로그)를 처음 시작했던 2006년 당시만 하더라도 페이스북은 아직 어린 학생들의 놀이터에 불과했다. 그렇다 보니 페이스북을 이용해 내 온라인 방송을 홍보할 수는 없었다. 미성년자에게 와인을 파는 파렴치한 사람으로 비치고 싶지는 않았기 때문이다. 트위터(현재 X)도 막 생겨난 터라 이용자가 거의 없었다. 하지만 얼마 지나지 않아 SNS 플랫폼들이 대중에게 확산되는 조짐이 보이자 나는 여러 플랫폼을 두루

섭렵하고 어떻게 하면 이 플랫폼들을 유용하게 써먹을 수 있을지 본격적으로 분석하고 연구하기 시작했다.

여기서 우리가 명심해야 할 것은 이런 **플랫폼들은 성공을 거들 뿐 성공 자체를 만들어 주지는 않는다는 것이다.** 당신의 꿈과 계획을 실행에 옮기려 할 때 이 점을 반드시 유념해야 한다. 이 책에서 설명하는 도구들은 다른 방법들에 비해 훨씬 적은 시간과 돈으로 당신의 아이디어를 전파하고 당신의 퍼스널 브랜드 가치를 높여줄 것이다. 하지만 이러한 도구들은 그것을 활용하는 사람의 능력만큼만 효과가 있을 뿐이다.

그리고 SNS 플랫폼들의 영향력은 가장 최신 버전의 유용성만큼만 효과를 발휘할 뿐이다. 기술과 혁신, 소비자의 욕구는 순식간에 변하며, 당신이 이 책을 읽고 있는 지금 이 순간에도 그런 플랫폼들의 유용성과 영향력의 범위가 이미 얼마간은 바뀌어 있을 것이다. 다만, 유저 인터페이스(UI)나 도구들의 개별적 특성이 세부적으로 조금씩 바뀐다 하더라도 그런 작은 변화들이 큰 그림에 영향을 미치지는 않을 것이다. 자동차를 개조하더라도 그로 인해 자동차로 여행한다는 본질은 변하지 않는 것처럼 말이다. SNS 플랫폼을 이용해 원하는 대중에게 다가가 그들을 팔로우하고 소식을 전하며 당신의 이야기를 들려줄 수 있다는 본질은 변하지 않는다는 것이다.

나는 소셜미디어를 이용해 어떻게 정원을 가꾸고 새집을 지을지 알려 줄 수 있다. 어떤 도시의 시장이 되고자 하는 사람에게는 그 꿈을 이루도록 도와줄 수 있다. 그러나 목표의 높고 낮음과는 상관없이 이후에는 당신 스스로 지속적인 관리와 조정, 발전의 노력을 해나가야 한다. 어느 정도 성공했다고 해서 게으름을 피우면 안 된다. 그랬다간 곧 풀이 무성하게 자라고 페인트칠이 벗겨지고 길이 부서지기 시작할 테니까!

열정을 놓아버리는 순간
여기서 배운 모든 지식은 무용지물이 된다.
당신의 성공 여부는 전적으로 당신에게 달려 있다.

당신이 좋아하는
일을 하라

━━━━━━━━━━━ •

　간절히 원하면 돈도 성공도 성취감도 모두 얻을 수 있다. 당신은 그저 그것들을 쟁취하면 된다. 그러니 징징대지도 울지도 핑계를 대지도 마라.

　지금 회사를 다니고 있다면 저녁 7시부터 새벽 2시 사이(아이가 있다면 밤 9시부터 새벽 3시 사이)에 일을 하면 된다. 그러니 그 여명의 시간대에 즐겁게 일하는 방법을 터득하라. 당신이 열정을 바칠 수 있는 일을 한다면 그렇게 일한다고 해도 별로 힘들지 않을 것이다. 열정의 대상은 무엇이라도 좋다. 예컨대, 버려진 족제비를 자연으로 되돌려 보내는 것이라도 상관없다.

디지털 세상에서 제공되는 갖가지 기술의 활용법을 익히고 나면, 당신도 물을 포도주로 바꾸는 기적을 일으킬 수 있다. 당신이 좋아하는 일을 사업으로 전환하여 막대한 수익을 내면서도 스스로에게 거짓되지 않는 위대한 유산을 일굴 수 있다.

궁극적으로 이 책은 백만장자가 되는 법을 알려 주려는 책이 아니다. 물론 백만장자가 되는 데 도움이 되긴 하겠지만 말이다. **나는 당신에게 하루하루를 열정적이고 생산적으로 살면서 행복을 얻는 방법을 알려 주려고 한다.** 비즈니스는 단지 돈을 벌기 위해서만 하는 것이 아니다. 그런 생각을 갖고 있는 사람은 구제불능이다. 이미 소셜마케팅 도구들에 익숙한 사람이라면 큰 그림을 보기 바란다. 참호를 깊이 파 내려가다 보면 무엇 때문에 참호를 파고 있었는지 잊어버리기 십상일 테니까.

소셜마케팅이라는 디지털 물결 속을 헤쳐 나가는 법을 배워서 당신이 진정 좋아하는 일과 연관된 사업체를 구축하고 퍼스널 브랜드를 홍보하기 바란다. 당신이 얼마나 멀리까지 나아가느냐는 스스로 마음먹기에 달려 있다. 페이스북, 유튜브, 인스타그램 같은 소셜미디어 도구들은 당신을 새로운 세상으로 안내해 줄 현대판 갈레온 선이다. 이 배를 운전해 나가며 당신은 열정을 공유하고, 경쟁자와의 차별화를 꾀하며, 당신의 브랜드를 최대한 많은 대중들에게 알릴 수 있을 것이다.

내 성공비결은
단지 한 개인의
성공방식일 뿐이다.
다만 당신의 DNA에 맞는
일을 찾아서
내 방식을 한 번 따라해 보라.
이 방식이 잘 먹힌다면
완전한 행복이
당신 품 안에 찾아들 것이다.

Chapter 2

DNA에 새겨진
일을 찾아라

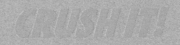

좋아하는 일을
찾아라

나는 걸어 다니는 모순덩어리다. 누구보다 더 스스로에 대한 믿음이 강하면서도, 한편으론 내가 얼마나 보잘것없는 존재인지도 잘 알고 있다. 다른 사람이 나를 어떻게 생각하는지는 크게 신경 쓰지 않지만, 그들이 하는 말은 존중하고 귀담아듣는다. 일례로, 팟캐스트에 게스트로 출연했을 때 보인 내 모습이 불쾌했다는 시청자들의 의견을 보고 새벽 4시까지 잠도 안 자고 일일이 사과 댓글을 달기도 했다.

사업을 발굴하고 신규 스타트업에 투자하기를 즐기지만, 내가 돈을 중요하게 여기는 이유는 오로지 뉴욕 제츠를 살 수 있을 만큼 큰돈을 벌기 위해서다(농담이 아니다. 나는 뉴욕 제츠를 꼭 사고야 말 거다! 이건 어린 시절부터 줄곧 꿈꿔 왔던 소원이다).
내가 어떻게 '소셜미디어 소믈리에(ABC뉴스)'이자 '유튜브 시
대의 와인 구루(슬레이트)' 그리고 '웨인즈 월드의 와인광(나이
트라인)'으로 불리게 되었는지는 흔해 빠진 이민자의 성공 스
토리 중 하나일 수도 있지만, 또 어떤 면에서는 유례를 찾아
볼 수 없는 이야기이기도 하다. 내가 사업을 시작했을 때까
지만 해도 이런 일을 가능하게 할 만한 기술과 도구가 존재
하지 않았을 뿐더러 누구도 나와 같은 DNA를 가진 사람은
없었으니까 말이다.

— •

사업하는 사람으로서 나는 DNA에 관한 이야기를 많이
하는 편이다. 이 책에서도 예외가 될 수 없다. 나는 비틀리고
꼬인 유전자의 이중나선구조 속에 사업 성공의 인자가 숨어
있다고 믿어 의심치 않는다. 사실 내가 소셜마케팅에 입문하
는 계기가 되었던 와인라이브러리TV가 성공을 거둘 수 있었
던 것은 내 일을 우직하게 밀어붙일 수 있는 DNA를 물려주

신 우리 부모님 덕분이다. 그런데 뛰어난 DNA를 타고났으면서도 자신이 품었던 원대한 꿈을 끝까지 실현하지 못하고 좌절감과 비애 속에서 별 볼 일 없이 지내는 사람들이 많은 건 왜일까? 그 이유는 **그들이 세상에서 가장 좋아하는 일, 자신의 유전자에 새겨진 일을 하고 있지 않기 때문이다.**

DNA의 명령을
따라라

———————— ●

　나는 아주 행운아라고 생각한다. 아주 어릴 때부터 DNA
의 명령을 이해하고 따를 줄 알았으니 말이다. 내 DNA는 사
람들을 많이 만나고 빨리 사업을 시작하라고 나를 부추겼다.
나는 예전부터 이 두 가지가 진심으로 좋았다. 내가 사업가
기질을 타고났다는 걸 알고부터 나는 단 한 번도 다른 일을
시도해 본 적이 없다. D와 F로 도배된 성적표를 집으로 가져
가 어머니의 노여움을 사곤 했다는 게 그중 하나의 증거다.
어머니의 고함 소리를 듣는 건 괴로웠지만 그럼에도 나는 나
다움을 지켜야만 했다. 설사 그게 학교 수업시간에 수학책
안에다 〈베이스볼 가이드〉를 숨기고서 다음 번 야구카드 거

래를 위한 연구에 매달리는 것이라 할지라도 말이다.

그런데 자신의 DNA를 무시하고 가족이나 사회의 기대에만 순응하며 사는 사람들이 너무나 많다. 또 특정 방식의 성공만 직업적 성공으로 단정하는 사람들도 많다. 그래서 자전거를 설계하도록 태어난 사람이 변호사가 되고, 다양한 메이크업을 실험해 보는 것을 좋아하는 사람이 매일 값비싼 브랜드를 전국의 쇼핑몰에 홍보하러 다니고, 시상이 떠오를 때마다 끄적여 두지 않고는 못 배기는 사람이 IT 긴급복구 부서를 지휘하는 데 대부분의 시간을 보내고 있는 것이다. 참으로 환장할 노릇이다.

나는 이 책을 쓰고 싶어서 도저히 견딜 수가 없었다. 백만장자가 되고 싶은 사람들을 도울 수 있다는 생각에서가 아니라 - 물론 그럴 수 있다고 확신하기는 하지만 - 현실에 안주하지 않아도 된다는 걸 깨닫지 못하는 수많은 사람들을 그냥 두고만 볼 수 없었기 때문이다. **이제는 이 세상 어디에서도 월급이나 책임감이라는 명목으로 싫어하는 일이나 적성에도 맞지 않는 일을 평생 동안 억지로 하면서 산다는 핑계가 통하지 않는다.** 인터넷과 SNS 덕분에 누구든 100% 스스로에게 진실할 수 있게 되었으며, 자신이 가장 좋아하는 일을 퍼스널 브랜드화하여 엄청 난 돈을 벌 수 있는 세상이 되었기 때문이다. 이제 더 이상은 자신이 좋아하는 일과 하고 있는 일 사이에 괴리가 없어야 한다.

'행복을 추구하라'는 메시지가 다정하고 살갑게 들리겠지 만 오해는 마라. 내 충고를 따르면 지금까지 살아온 그 어느 때보다 더 힘들게 일하게 될 것이다. 나는 고진감래苦盡甘來라 는 말을 믿는다. 무일푼에서 시작했기에 우리 가족은 잘 버 터낼 수 있었다. 없이 살았던 경험 때문에 나 또한 많은 것을 간절히 바라게 되었고, 배경은 전혀 중요하지 않다는 지혜도 얻을 수 있었다. 어린 시절에 우리 가족이 좀 더 편하고 부유 하게 살았더라면 오히려 지금의 나는 없었을 것이다. 그럼 그 시절 이야기로 돌아가 보자.

아메리칸
드림

———————————●

    우리 가족은 구 소련의 벨라루스에서 살다가 1978년에 미국으로 건너왔다. 아버지는 먼저 미국으로 이주해 계시던 종조부님이 여동생을 만나러 벨라루스를 찾았을 때 미국으로 이주해야겠다는 결심을 했다고 한다. 사업가 기질이 있었던 아버지는 미국이야말로 자신의 인생을 스스로 개척해 나갈 수 있는 곳이자, 빵을 사려고 여섯 시간이나 줄을 서지 않아도 되는 나라라는 것을 알게 되었고, 우리 가족의 미래를 걸 만한 곳임을 직감했다. 우리는 유태인이어서 해외로의 정치적 망명을 허가받을 수 있었고, 수개월 동안 호주와 이탈리아에서 서류심사를 기다리다 마침내 뉴욕 퀸즈에 도착했다.

그런데 불행히도 종조부께서는 우리가 고국을 떠나기도 전에 불의의 사고로 돌아가셨지만, 그 자녀들이 우리 식구들(부모님, 세살배기 나, 할머니, 증조부님)을 따뜻하게 보살펴 주었고, 나중에 우리는 유태인 재단에서 마련해 준 원룸식 아파트로 옮길 수 있었다. 드디어 기회의 땅 미국에서의 삶이 시작된 것이다(부모님은 미국에 도착한 뒤 내 이름을 게리로 바꾸었다).

그러나 미국에서의 삶은 녹록지 않았다. 할머니는 미국으로 이주한 지 채 6개월도 안 되었을 때 노상강도를 당하셨다. 경기는 바닥을 치고 있었고, 미국에 오기 전에 마련해 놓은 아버지의 공사장 일자리는 몇 개월 지나지 않아 증발해 버렸다. 다행히 이때도 종조부님의 가족이 도움의 손길을 내밀어 주었다. 아버지에게 뉴저지주 클라크에 있는 주류 판매점의 재고정리 일자리를 소개해 준 것이다.

힘겨운 나날이었다. 내 여섯 살 생일을 맞아 부모님이 수 킬로미터나 떨어진 K마트까지 걸어가 〈스타워즈〉에 나오는 캐릭터 모형을 하나도 아니고 두 개나 사주셨던 것을 생각하면 지금도 가슴이 뭉클해진다. 우리같이 살림살이가 빠듯한 집에서는, 게다가 그때는 여동생 엘리자베스도 막 태어났던

터라 그건 엄청나게 큰 선물이었다. 다행히 가족 중 누구도 돈 문제로든 다른 문제로든 불평을 하는 이가 없었다. 신체 건강하고 사랑하는 가족이 있으니 그것으로 충분했다.

우리는 미국 생활에 빠르게 적응해 갔다. 하지만 집안 환경은 여전히 벨라루스였다. 어머니는 미국의 여느 집들처럼 저녁 식탁에 고깃덩어리를 올릴 재간이 없었다. 다진 고기로 속을 채운 양배추 요리나 훈제청어 정도가 그나마 우리가 먹을 수 있는 단백질 음식이었다. 아파도 약을 못 먹고 차를 마시며 고통을 삭였다. 너무 심하게 아플 때는 가슴에 보드카를 문질렀다. 나는 손을 베이거나 데어도 절대 말하지 않았다. 그랬다간 당장 상처에 오줌을 바르라고 할 게 뻔했으니까.

아버지는 머리가 비상한 데다 수완도 좋아서 곧 매니저로 승진을 했다. 그리고 얼마 지나지 않아 클라크에 작은 주류 판매점을 동업으로 열게 되었다. 1983년에는 동업자와 함께 스프링필드에 조그만 매장을 냈고, 나중에는 그 매장을 370㎡ 규모로 확장했다. 몇 년 뒤에는 내가 사업에 합류하여 같은 자리에 3,700㎡의 와인라이브러리를 열었다. 과거 '쇼퍼스 디스카운트 리커즈'라는 이름에 외관도 허름했던 첫 매장에 비하면 실로 비약적인 성장이 아닐 수 없었다.

부모님은 가족을 부양하기 위해서라면 아무리 궂은 일도 마다하지 않으셨고, 미국 땅에서 반드시 살아남고야 말겠다는 강한 의지를 가지고 있었다. 내가 열네 살이 될 때까지 얼굴 한 번 보기 힘들 만큼 아버지는 죽어라 일만 하셨다. 나는 우리를 위해 그렇게 애쓰신 아버지를 진심으로 존경한다. 아버지의 노고와 두둑한 배짱 덕분에 우리는 미국 이민자로서의 전형적인 성공 스토리를 써나가고 있었다. 1978년에 우리는 무일푼에 영어도 못했지만 고작 7년 만인 1985년에는 내가 우리 동네에서 처음으로 닌텐도 게임기를 가진 아이가 되어 있었다. 내가 왜 우리 아버지를 영웅시하는지 이해가 갈 것이다. 아버지에 대한 고마움 때문에 나는 더더욱 사업을 크게 키우겠다는 야망을 품게 되었다.

오로지 사업만을
꿈꾸다

───────────── ●

아버지와 나는 불타는 열정과 추진력 말고는 서로 닮은 구석이 하나도 없었다. 오히려 나는 어머니와 더 많이 닮은 편인데, 어머니는 무척 감성적이고 사람 만나기를 좋아해서 처음 만난 사람과도 금세 친해지는 성격이고 그러면서도 내면은 아주 강인한 분이다. 반면에 아버지는 선뜻 다가가기가 힘든 사람이라 친해지기까지 오랜 시일이 걸리지만, 한 번 친해지고 나면 그때부터는 가족이나 다름없어진다. 또 아버지와 내가 많이 다른 점은, 아버지는 감정이 이끄는 대로 결정을 내리는 편이지만 나는 열정 빼면 시체인 사람이긴 해도 사업상의 결정에 있어서만큼은 절대 감정에 치우치지 않는다는 것이다.

하지만 어린 시절부터 나를 지켜봐 온 사람이라면 내가 틀림없이 아버지의 사업가 DNA를 물려받았음을 부인하지 못할 것이다. 이웃집 아주머니의 말마따나 나는 사계절 내내 한시도 가만히 있을 때가 없었다. 여름엔 그 집 차를 세차했고, 가을엔 그 집 마당의 낙엽을 긁어모았으며, 겨울엔 그 집 앞 길의 눈을 치웠다. 심지어 어느 봄날에는 그 집 화단의 꽃으로 꽃다발을 만들어 아주머니에게 팔기도 했다. 지금도 그 어린 시절에 어찌 그런 사업적 수완을 발휘했는지 내 자신이 기특하기까지 하다. 수입도 꽤나 짭짤했다.

여덟 살이 되었을 때 나는 이미 7개의 레모네이드 가판대를 운영하며 엄청난 현금을 긁어모으고 있었다. 내 프랜차이즈가 온 동네에 퍼져 있었다는 점을 생각하면 나는 겁이 없어도 너무 없는 아이였다. 아직 자전거 타기도 무서워할 나이에 내가 앞바퀴가 큰 자전거를 타고 따르릉거리면서 수금하러 돌아다니면 그 소리가 1킬로미터 밖에서도 들릴 정도였다.

진짜 경영 수업은 야구에 빠지면서 시작되었다. 어느 날 어머니와 함께 간 벼룩시장에서 나는 야구카드 몇 벌과 〈베케트 베이스볼 카드 프라이스 가이드〉를 한 권 샀다. 곧바로 나는 그 카드가 돈벌이 수단이 될 수 있음을 직감했다. '새 세상이 열리겠구나' 하는 깨달음의 순간에 들었던 짜릿한 느낌이 아직도 생생하다. 훗날 내가 와인의 시장성을 보았을 때, 처음으로 인터넷을 접했을 때, 최초의 비디오 블로그를 올렸을 때 느꼈던 감정과 똑같았다. 게임 끝! 레모네이드 가판대야 이제 안녕, 야구카드야 반가워! 내가 8학년이 되었을 때 우리 가족은 뉴저지주 헌터든카운티로 이사했다. 전학 간 학교에서 야구카드는 최고의 인기였고 나는 돈방석에 앉았다.

하루는 동네 쇼핑몰에서 야구카드 행사가 열린다는 공고가 붙었다. 내가 그런 기회를 놓칠 리 없었다. 내게는 이미 8학년 친구들에게 카드를 팔아서 번 돈 100달러가 있었다. 그리고 용기를 내어 아버지에게 당시 내가 생각할 수 있었던 가장 큰 금액인 1,000달러를 빌려달라고 부탁했다. 놀랍게도 아버지는 선뜻 돈을 내어주셨다(우리 아버지는 그런 분이었다). 하지만 어느새 돈은 야금야금 물 새듯 빠져나가고 있었다. 급한 마음에 나는 당장 코스트코로 달려가 야구카드 몇 벌을 샀다. 썩 좋은 카드가 아니란 걸 알았지만 뾰족한 수가 없었다(이런 경우는 이때가 마지막이었다). 아니나 다를까 카드 상자를 열어 〈프라이스 가이드〉에서 가격표를 찾아보니, 전부 다 해 봤자 200달러어치밖에 안 됐다. '망했다!' 대략난감이었다.

어머니는 나와 두 동업자 제이슨 라이커, 존 처칵을 쇼핑몰의 야구카드 행사장에 태워다 주셨다. 우리는 판매부스 비용이 20달러가 넘으면 신청하지 않기로 미리 합의를 본 터였다. 담당자를 찾았더니 200kg은 나가 보이는 거구의 이탈리아 사내가 나왔다. "저기요, 행사 참가비가 얼마죠?" 내 물음에 돌아온 대답은 150달러라는 것이었다. '150달러라니, 말도 안 돼!' 그런데도 나는 냉큼 돈을 건네고 남자랑 악수까지 하고서 부리나케 쇼핑몰을 나왔다. 친구들은 놀란 입을 다물지 못한 채 그대로 얼어붙어 있었다. 내 머리는 미친 짓이라고 말하고 있었지만 직감은 '한번 해 봐!' 하며 나를 충동질했다. 내가 따른 건 언제나 직감이었다.

집으로 돌아와 부모님께 내가 무슨 일을 저질렀는지 털어놓을 때는 눈물이 왈칵 나올 뻔했다. 하지만 예상대로 부모님은 나를 나무라지 않았다. 속으로는 아마 혼쭐을 내주고 싶었을 테지만 대신에 아버지는 내게 돈을 잃어본 경험이 값진 교훈이 되기를 바란다고 말했다. 아버지는 그렇게 현명한 분이었다. 나는 내 방으로 돌아가 단지 경험이나 하자고 이런 일을 벌인 것이 아님을 아버지에게 증명해 보이겠다고 결심했다. 의지가 불타올랐다. 절대 실패하지 않으리라.

———

다음날 행사장에 가판대를 설치한 뒤 제일 먼저 한 일은 시장조사였다. 나는 행사장을 돌아다니며 다른 사람들이 어떤 카드를 팔고 있는지 확인했다. 그런 다음 우리 카드의 가격을 다른 사람들의 판매가격보다 더 낮게 책정했다. 이 방법은 통했고 현찰이 굴러들어 왔다. 그때부터 나는 참가할 수 있는 모든 행사에 다 참가했다. 카드 판매상 동료이자 나의 절친인 브랜든 원키의 어머니와 우리 어머니는 비가 오나

눈이 오나 우리를 브리지워터로, 힐스버로로, 또 에디슨과 래리턴으로 행사가 열리는 곳이라면 어디든 태워다 주었다. 나는 매번 흥행에 성공했다. 그때 나는 **'희소성이 욕망을 낳는다'는 첫 번째 사업상의 교훈을 얻었다.** 내 전략은 간단했다. 〈프라이스 가이드〉에 언급되지 않은 카드 세트를 산 뒤 홍보를 통해 시장을 형성하는 것이다. "아이고 게리, 그거 사기성이 농후한 거 아닌가요?"라고 반문하는 사람이 있을지 모르겠다. 천만의 말씀. 나는 낙관론자였을 뿐이다. 비관론자는 카드가 가격표에 없는 것을 확인하고 망했다고 생각했을 거다. 나는 반대로 〈프라이스 가이드〉에 나와 있지 않은 카드라면 값이 더 나갈 수 있겠다는 역발상을 했을 뿐이다.

결국 나는 아버지께 받았던 1,000달러를 3~4개월 뒤에 돌려드릴 수 있었다. 주말마다 나는 줄곧 그런 식으로 돈을 벌었다. 그러다가 열다섯 살이 되었을 때 야구카드 행사장에서 끌려 나와 주류 판매점에서 일하게 되었다.

나는 헌터든카운티의 부유한 야구카드 왕에서 졸지에 얼음주머니나 채우는 시급 2달러짜리 저임금 노동자 신세로 전락하고 말았다. 열여섯 살 때는 창고에서 나와 계산대에 앉게 되었다. 그 역시도 재미있는 일은 아니었지만, 얼음을 퍼 나르고 선반 청소를 하는 것보다는 백 번 나았다. 판매하는 술은 하나도 마셔볼 수 없었지만(그 점에서만큼은 부모님이 한 치의 양보도 없으셨다), 정보 습득에 능한 편이었던 나는 매장이 한가할 때면 관련 잡지를 훑어보며 시간을 보내다가 손님이 오면 거기서 배운 지식을 써먹곤 했다. 그때 읽었던 잡지 중 하나가 〈와인 스펙테이터〉다. 당시 우리 매장 이름은 '쇼퍼스 디스카운트 리커즈'였고, 매출의 대부분은 독주 판매에서 나왔다. 맥주도 꽤 잘 나가는 편이었는데 맥주 냉장고가 전체 매장 면적의 3분의 1을 차지할 정도였다. 나는 계산대 일을 보면서 두 가지 사실을 알게 되었다.

첫째, 〈와인 스펙테이터〉 덕분에 와인을 즐기는 사람들 사이에는 공통적인 문화적 특징이 있으며, 내가 야구카드와 스타워즈 장난감, 만화책을 모으듯 그들은 와인을 수집한다는 것을 알게 되었다. 흥미로운 사실이었다.

둘째, 눈에 띈 양상은 앱솔루트나 조니워커를 사러 오는 사람들은 나나 다른 직원이 아무리 다른 브랜드의 장점을 입이 마르도록 떠들어도 결국은 앱솔루트나 조니워커를 사간다는 점이었다. 그런 브랜드들은 입지가 너무나도 탄탄했다. 하지만 와인을 사러 온 사람들은 대개 난감한 표정으로 10분가량 망설이며 병에 붙은 라벨들을 바라보곤 했다. 마치 병 하나가 불쑥 튀어나와 선택의 수고를 덜어주기라도 했으면 하는 것 같았다. 야구카드를 팔아본 경험으로 나는 사람들이 어떤 것이 좋고 가치가 있는지를 말해주기 바란다는 걸 알았다. 그들은 자신의 취향이 남달라 보이는 걸 좋아했다.

독주 소비자와는 달리 와인 소비자는 내 권유를 잘 받아들였다. 나는 거기에 기회가 있음을 깨달았다. 그런 사회적 시류를 읽어낸 것만으로도 와인에 대해 품고 있던 가벼운 관심이 집착으로 바뀌기에 충분했다. 처음에는 '쇼퍼스 디스카운트 리커즈'에 있는 일분일초도 견디기 힘들었지만, 그때부터는 그곳을 미국 제일의 와인 전문점으로 탈바꿈시키겠다는 의지가 불타올랐다.

스토리텔링이야말로
비즈니스에서
가장 간과되고 있는 기술이다.

온라인에서
와인을 팔다

─────────── •

고등학교 상급반 시절에 훗날 내가 훌륭한 학자가 되리라
고 기대한 사람은 아무도 없었다. 그러니 내가 고등학교만
어떻게든 겨우 졸업하고 나면 우리 매장에서 정식으로 일하
겠다고 마음을 먹은 것도 무리는 아니었다. 그런데 2월에…
그렇다. 2월 어느 날에 어머니가 나에게 어느 대학에 갈 계획
이냐고 물으셨다. 웬 대학? 그런데 하필이면 공교롭게도 며
칠 뒤에 매사추세츠주 뉴턴 소재의 마운트아이다 대학에서
보내온 엽서가 도착했다. 나는 입학원서를 작성했고 그렇게
해서 가을부터는 마운트아이다 대학 기숙사에서 지내게 되
었다. 하지만 내 머릿속은 온통 매장에 대한 생각뿐이어서

거의 매주 주말마다 집으로 돌아와 매장 일을 도왔다.

그렇게 대학을 다니던 1995년 9월 어느 날, 나는 한 친구의 기숙사에 놀러 갔다가 친구의 컴퓨터에서 인터넷이라는 것을 알게 되었다. 친구들은 여자친구를 만나겠다고 여러 채팅방을 이리저리 기웃거리고 다녔다. 나는 친구들을 밀쳐 내고 컴퓨터 앞에 앉아 야구카드 거래 사이트를 찾아보았다. 그러고 나서는 그 인터넷이란 걸 활용해 와인 매출을 늘릴 수 없을까를 궁리했다. 시간은 이미 아홉 시간이 훌쩍 지나고 있었다. 인터넷에 사업의 미래가 달렸다는 데는 의심의 여지가 없었다. 하지만 용기를 내어 아버지께 와인을 온라인으로 판매해 보자는 이야기를 꺼낸 것은 그로부터 1년이나 지난 뒤였다. 뭐랄까, 아버지께 함부로 말씀드리기 겁이 났다. 처음에는 반대했지만 결국 아버지는 나를 믿어 주셨다. 아버지의 마음이 누그러지자마자 나는 본격적으로 온라인 판매에 착수했다.

1997년 6월, 와인라이브러리닷컴winelibrary.com이 출범했다 (1999년까지는 오프라인 매장의 이름이 아직 와인라이브러리가 아니었다). 1994년에는 매장의 한 해 매출이 200~300만 달러였다.

대학 졸업 후 내가 풀타임으로 일하기 시작한 1998년에는 매출이 400~1,000만 달러로 조금 증가했고, 아직까지 온라인 매출은 많지 않았다. 2001년에는 매출이 2,000만 달러로 껑충 뛰었다. 나쁘지 않았다. 아니, 아주 좋은 편이었다. 인생은 순탄했고 사업도 호황이었다. 내 또래 친구들은 아마 그 정도면 더 이상 바랄 게 없다고 생각했을 거다.

2005년 11월 14일은 내 서른 번째 생일날이었다. 그날 출근길에 나는 뉴저지의 고속도로를 달리면서 내 인생을 돌아보았다. 겉으로 보기엔 완벽해 보이는 삶이었지만 어쩐지 썩 행복하지는 않았다. 이렇게 소매업만 하다가는 뉴욕 제츠를 살 길이 묘연했다. 더 큰 성공을 도모할 때였다.

와인라이브러리에는 IT 부서가 따로 있었는데, 어느 날 이 부서의 직원들이 점심시간에 비디오 블로그라는 것을 보며 깔깔대고 웃느라 음식물을 사방에 튀겨 대고 있었다(당시 유명했던 양대 비디오 블로그는 로켓붐Rocketboom과 더쇼위드제이프랭크the show with zefrank였다). 나는 어떻게 하면 이 새로운 매체를 활용해 옐로우 테일 말고도 마실 만한 와인이 많다는 걸 사람들에게 알릴까를 궁리했다. 당시는 페이스북이나 플리커,

유튜브 같은 사이트들이 인기를 얻고 있을 때이기도 했다. 이 사이트들은 상업성이 없는 사교의 장이었다. 거기서 사람들은 친분을 맺고 이야기를 나누고 만남을 가졌다. 그런 것들이야말로 내가 가장 자신 있는 분야였다.

그렇게 나는 뉴저지 고속도로를 달리던 중 생각이 번뜩 깨이는 깨달음의 순간을 맞았다. 비디오 블로그로 와인을 팔려는 건 아니었다. 비디오 블로그를 활용해 와인과 나를 위해 전혀 새로운 세상을 열고 싶었다. 나는 겨울철이 지나기를 기다렸다가 석 달 뒤인 2006년 2월, 와인라이브러리TV를 시작했다.

Chapter 3

퍼스널 브랜드를
구축하라

CRUSH IT!

퍼스널 브랜딩의
시대가 왔다

퍼스널 브랜드를 구축하면 온라인에서 당신의 열정을 돈으로 바꿀 수 있다. **유튜브나 인스타그램, 블로그 등에서 당신의 콘텐츠를 어떤 방식으로 전달하든 그 콘텐츠는 곧 당신이며, 다른 이들과 당신을 차별화시켜 주는 무기가 된다.** 오늘날의 세상에서는 PDF 전자책을 팔든, 재무설계를 하든, 아니면 그저 개인의 의견을 피력하든 자신이 하는 일과 퍼스널 브랜드가 동일해야 하는데 많은 사람들이 이를 깨닫지 못하고 있다.

퍼스널 브랜드로 돈을 번다는 건 새로운 개념이 아니다. 오프라 윈프리Oprah Gail Winfrey, 하워드 스턴Howard Stern, 드웨인 존슨Dwayne Johnson 등 세계 최정상의 유명인들 다수가 퍼스널 브랜드 구축의 대가들이다. 그들은 자신의 존재를 배경으로 해서 왕국을 건설하고 절대 왕좌에서 내려오지 않는다.

그리고 퍼스널 브랜딩의 이런 크나큰 장점을 최정상의 유명인들만 누릴 수 있는 것은 아니다. 사실 퍼스널 브랜딩은 누구에게나 유명인들과 같은 반열에 올라설 수 있는 전례 없는 기회를 제공하고 있다. 일례로 사람들이 애쉬튼 커처Ashton Kutcher나 케리 로즈Kerry Rhodes 같은 인사들을 어떻게 생각하는지 보라. 애쉬튼 커처는 데미 무어와 결혼하기 전부터 이미 TV 출연으로 얼굴이 알려져 있었지만, SNS 활동을 시작하기 전까지는 그의 브랜드 가치가 그다지 높지 않았다. 뉴욕 제츠 소속의 선수 케리 로즈는 트위터(X)를 이용해 놀라우리만치 성공적으로 자신의 브랜드 가치를 높였다. 윌 휘튼Wil Wheaton, 브룩 버크Brooke Burke, 르바 버튼LeVar Burton, 프레드 더스트Fred Durst 같은 C, D급의 연예인들 역시 SNS를 통해 A, B급으로 발돋움할 발판을 다지고 있다. 어떻게 아느냐고? 그들의 SNS 계정을 보면 얼마나 많은 사람들이 팔로우하고 있는지 확인할 수 있기 때문이다.

사실 나는 사람들에게 팔로워의 수보다는 그들과 나누는

교류의 질을 더 중시하라고 충고한다. 팔로워의 질이야말로 그들의 브랜드가 얼마나 잘 구축되고 있는지를 여실히 보여주는 지표이기 때문이다. 그러나 많은 사람들이 아직은 이 중요한 사실을 인지하지 못하고 있는 터라, 앞서 언급한 유명인들은 앞으로도 그럴듯해 보이는 이런 수치들의 덕을 보게 될 것이다. 사람들의 시선이 쏠리는 곳에 기회도 따르게 마련이기 때문이다.

내가 무슨 말을 하려는지 알겠는가? 이전 세대가 TV, 영화, 라디오, 잡지, 신문 등의 매체에서 퍼스널 브랜드를 홍보했다면, 새로운 세대는 온라인상에서 훨씬 적은 비용으로 퍼스널 브랜드를 구축할 수 있다는 것이다. **이제 문지기의 허락 따위는 필요 없다. 눈앞에 다가온 커다란 성공을 거머쥘 수 있도록 만반의 준비를 갖춰라. 경기장은 달라도 경기는 똑같이 펼쳐진다.**

나만의 브랜드를
구축하라

———————— •

와인라이브러리TV에서 내 동영상을 보면 내 퍼스널 브랜드가 어떤 것인지 금세 감이 올 것이다. 나는 와인에 대해 알아듣기 쉬운 말로 솔직하게 설명하는 '와인 가이'다. 어릴 적부터 와인 업종에서 잔뼈가 굵어 온 덕분에 일찍부터 이런 퍼스널 브랜드를 개발할 수 있었다. 예전엔 1인당 참가비가 1,000달러나 하는 와인 시음회에 종종 참석하며 와인 업계에 오랫동안 종사해 온 노련한 와인 전문가들과 친분을 나누기도 했다. 그들은 풍부한 지식으로 나 같은 신출내기에게 많은 것을 알려 주었다. 그러나 지식이 많다는 건 달리 표현하면 와인에 대한 선입견이 많다는 뜻이기도 하다.

전문가들은 와인 잔을 빙빙 돌려서 향을 맡고는 후루룩거리며 와인을 마셨다가 뱉은 다음 "장미 향이 나네" "끝 맛이 부드럽네" 하며 매번 거기서 거기인 천편일률적인 전문용어들을 쏟아 낸다. 반면에 나는 와인 잔에 코를 박고 입안 가득 공기와 와인을 함께 들이마시고는 그때 머릿속에 떠오르는 말을 그대로 내뱉는다. "이 와인은 빅리그 풍선껌 맛이네요" 또는 "이건 왓차마콜잇 초코바 맛이라고밖에는 달리 표현할 길이 없군요"라고 지껄이는 거다. 와인 테이스팅 용어를 모르거나 고급 와인의 복잡미묘한 맛을 감별할 줄 몰라서 그러는 게 아니다(나는 몬테풀치아노 와인에서 풍기는 말멕 향을 구분할 줄 안다). 다만 와인의 느낌을 왜 그렇게 복잡한 용어로 설명해야 하는지 이해가 안 갈 뿐이다.

내가 보기에는 와인 리뷰어들이나 일반 사람들이나 모두 똑같은 와인을 찬양하며 마시고 있다. 1998년산 화이트와인 중 클라우디 베이 소비뇽 블랑이 최고라는 평가를 받으면, 모두들 매장으로 우르르 몰려와 그 와인만 찾는 식이다. 배비치가 맛도 백만 배는 더 좋고 가격도 절반밖에 하지 않는다고 추천해 보아도, 내 말엔 콧방귀도 뀌지 않는다.

분명 와인 업계는 타성에 젖어 있었다. 하지만 나는 매장에서 일했던 경험으로 소비자들이 진정으로 원하는 게 무엇인지 잘 알고 있었다. 그들은 누군가 와인 선택의 어려움을 해소해 주어 와인을 편하게 즐길 수 있기를 바랐다. 내가 그 일을 할 수 있겠다는 생각이 들었다. 그래서 나는 와인 가이가 되었고, 와인 브랜드가 아닌 내 퍼스널 브랜드를 구축하게 되었다.

———— •

와인라이브러리TV에서 소개하는 것은 와인이 아닌 내 퍼스널 브랜드다. 매회마다 나는 같은 관심사를 가진 사람들과 풍부한 전문지식을 공유하는데, 그렇게 재미있을 수가 없다. 이를 통해 나는 나 자신도 함께 공유한다. 동영상 속 내 모습을 딱 2초만 봐도 시청자들은 내가 어떤 사람인지, 내가 무엇을 말하고자 하는지 대번에 알아차릴 수 있을 것이다. 진정성이 생명인 것이다.

하지만 이와 같은 태도는 분명 양날의 검이 될 수도 있다.

어떤 이들은 나를 '웬 머저리냐' 하는 눈빛으로 바라본다. 테이블에 병들을 너저분하게 올려놓고 뉴욕 제츠를 사겠다고 큰소리치며, 늘 속사포같이 떠들어 대고 있으니 그럴 만도 하다. 나는 시끄럽고, 과장도 심하고, 항상 들떠 있다. **하지만 그게 나다.** 대다수의 사람들은 나의 이런 솔직한 면을 좋아한다. 그들은 와인라이브러리TV를 통해 나를 보고, 내 얘기를 들으며, 심지어 한두 가지 배워 가기도 한다. 가끔은 "이 리슬링(화이트와인의 일종)은 라켓볼 맛이 나네요"라는 내 말에 격한 공감을 표시하기도 한다. 나는 와인 애호가들이 화이트 진판델이 됐건, 묵직한 보르도가 됐건 자기 마음에 드는 와인을 마음껏 즐길 수 있도록 지지해 준다.

나는 또 다른 브랜드 구축에도 뛰어 들었다. 그 덕분에 이 책을 쓰고, 기조연설을 다니고, 컨설팅 서비스를 할 뿐만 아니라 동생 AJ와 함께 베이너미디어를 설립할 수 있었다. 이 브랜드가 무르익기까지 나는 2년 가까이 인내심을 가지고 기다렸다. 사람들에게 나라는 존재를 알리고 와인 가이로서의 퍼스널 브랜드에 대한 신뢰를 쌓고 또 쌓았다.

2007년 10월, 드디어 나의 또 다른 진면목을 보여줄 때가 되었다는 판단이 들었다. 이제는 내가 '와인을 잘 아는 좀 웃기는 녀석' 이상의 존재라는 사실을 세상에 알릴 때였다. 어느 날 아침 눈을 뜬 순간 '이제 본격적으로 사업 이야기를 할 때가 됐어!'라는 생각이 들었다. 이때부터 나는 내 진정한 열정의 대상인 브랜드 구축과 비즈니스를 다루는 게리바이너척닷컴garyvaynerchuk.com을 시작했다.

사람들이 어느 쪽 브랜드에 끌리든, 내 인기는 내가 무슨 이야기를 하고 있는지 스스로 잘 알고 있다는 사실(나의 정직성)에서 비롯된 것이다. 내가 아무리 카리스마가 넘치고 재미있다고 해도, 내가 제시하는 콘텐츠가 별 볼 일 없고 신뢰가 안 간다면 아무도 내 방송을 보지 않을 것이다. 그 어느 누구도!

온라인에 넘쳐 나는 온갖
잡다한 콘텐츠에 질린 사람들이여,
이제 한시름 놓으시길···.
콘텐츠의 질이야말로
훌륭한 필터다.
커피를 아무리 많이 들이부어도
크림은 언제나 위로 뜨게 마련이다.

뭐니 뭐니 해도
정직이 최우선이다

소비자는 진실을 듣고 싶어 한다. 품질과 서비스, 가치와 재미도 당연히 추구하겠지만, 무엇보다 그들은 상품을 판매하는 사람이 정직한지를 알고 싶어 한다. 이제 기업가들에게는 사실상 선택의 여지가 없다. 공과 사의 경계가 점점 무너지고 있으며, SNS에 올라온 경험과 생각, 사진과 동영상들이 삽시간에 수많은 사람들 사이에 공유된다. 불만을 제기할 곳이 마땅치 않아 소비자를 속일 수 있었던 시절은 이제 끝났다. 그러므로 **퍼스널 브랜드를 어떤 식으로 구현하고 표현하든 간에, 반드시 정직성을 중심에 두어야 한다.**

나는 주 5일 온라인에 접속해 와인을 시음하고 평가한다.

CRUSH IT!

정말 환상적인 와인이 있는가 하면 쓰레기 같은 와인도 있다. 내가 혹평하는 와인의 제조사들이 나를 좋아할까? 그럴 리가! 그렇다고 내가 신경이나 쓸까? 전혀 아니올시다. 맛이 없다고 평가한 와인을 내가 판매할까? 물론이다. 왜냐하면 나한테는 맛이 없어도 다른 사람은 맛있다고 생각할 수 있으니까(그걸 맛있다고 만든 사람도 있지 않은가). 나는 블로그에서 진실되게 내 의견을 분명히 밝힌다. 당신도 유튜브나 블로그 등을 시작할 때는 그렇게 해야 한다. 그래야만 정보를 수동적으로 수용하는 사람들까지 포함하여 모두에게 다가갈 수 있다. 그렇지 않으면 결국 실패는 불 보듯 뻔한 일이다.

만약 당신이 부동산 중개업을 하고 있고, 그 일을 정말로 좋아한다고 해보자. 집을 잘 팔려면 형편없는 매물도 그럴듯하게 포장하는 법을 배워야 한다. 허름하긴 하지만 손을 좀 보면 근사해질 거라든가, 관리만 잘해 주면 다시 반짝반짝 빛날 것이라는 말로 사탕발림을 하는 것이다. 물론 원래 괜찮은 매물에도 장밋빛 환상을 덧입힌다. 하지만 반대로 그런 주택이나 상가에 대해 당신의 솔직한 생각을 말해 주는 영상을 제작해서 유튜브에 올린다면 어떨까?

"오늘 거지 같은 집이 하나 나왔는데요, 가짜 사슴뿔에나 어울릴 법한 붉은 카페트가 깔려 있고 산짐승 모형으로 장식된 샹들리에가 달려 있는 이 시대의 마지막 표본이라 해도 좋을 만한 집입니다. 집주인이 워낙 좋으신 분이라 그쪽에서 제시한 36만 달러를 다 받아드리고 싶지만, 제가 잘 이야기해서 눈높이를 좀 낮추실 필요가 있다고 설득해 놓았습니다. 이 집에는 대대적인 수리가 필요하니까요. 집값 27만 달러에 수리비를 좀 들이실 의향이 있으신 분은 구경 오세요. 마음을 단단히 먹고 오셔야 합니다."

물론 이런 아이디어를 실행에 옮기기는 쉽지 않을 것이다. 내가 좀 과한 예시를 든 감도 없지 않다. 그러나 그런 정직함이 사업에 해가 될까? 초기에는 당신에게 매물을 내놓으려는 사람이 없어서 힘들 수도 있겠지만 당신이 더도 말고 덜도 말고 딱 적당한 금액에 집을 판다는 걸 사람들이 알게 되어 그 동네에서 제일 믿을 만한 부동산 업자로 소문이 난다면 어떨까? 그때 얻게 될 소득이 얼마나 될지 상상해 보라. 집을 팔려는 사람은 자기 집이 시장에서 아예 천덕꾸러기가 되지는 않겠구나 생각해서 들어오는 매물이 증가할 것이고, 집을 사려는 사람은 적어도 자기가 사기는 당하지 않겠구나 생각해서 매매가 증가할 것이다. 뿐만 아니라 당신은 좋아하는 일을 자기 뜻대로 하는 데서 오는 만족감도 얻게 될 것이다. 거기다 확고한 퍼스널 브랜드까지 생긴다. 그렇게 되면 더 이상 당신은 그저 그런 부동산 중개업자가 아니게 된다. 그 브랜드는 어디를 가든 당신을 따라다닐 것이며, 이를 잘만 이용하면 책을 출간하거나 TV 및 기타 여러 매체에 출연하게 되는 등 보다 크고 보다 나은 직업적 기회가 생길 것이다.

당신도 시작하라.
지금 당장!

당신의 DNA를
따라라

━━━━━━━━━━ ●

　퍼스널 브랜드를 구축하고자 할 때 나를 따라 하려고 하지 마라. 성공은 스스로에게 집중할 때 따라온다. 더군다나 애초부터 당신이 나와 같을 수는 없다. 나는 와인을 좋아하지만 당신은 아닐 수도 있다. 나는 화이트 캐슬 햄버거와 뉴욕 제츠 팀을 좋아하지만 아마 당신은 그렇지 않을 것이다. 나는 과일주스 중에서 특히 포도주스를 좋아하고 채소는 닥치는 대로 먹는다. 이런 특이한 기호와 성향이 내 브랜드를 형성해 왔다. 당신이 개성 있고 멋있는 사람일 때 당신의 브랜드도 개성 있고 멋있어질 것이다. 소셜마케팅으로 어떤 사람이 성공을 거두었다고 해서 그 사람을 맹목적으로 모방하지 마라. 사람들은 백 리 밖에서도 귀신같이 가짜의 냄새를 맡는다.

나 역시 진정한 나의 퍼스널 브랜드를 구축할 수 있는 플랫폼을 찾기까지는 오랜 시간이 걸렸다. 와인라이브러리TV를 시작하기 전에는 블로그가 유행하던 시절이었다. 나는 거기에서 기회를 엿보고 블로그를 시작해야겠다고 마음 먹었다. 하지만 거울을 들여다보고 있노라니 이런 의문이 들었다. '너, 글 좀 쓰니? 아니. 젠장!' 나 대신에 블로그 포스트를 근사하게 써줄 사람을 구할 수도 있었다. 그러나 **사람들이 내게 흥미를 가지게 하려면 걸러지지 않고 다듬어지지 않은 것이라 해도 모든 것이 나에게서 직접 나와야 한다는 생각이 들었다.** 콘텐츠를 만들고 전파하는 일을 결코 남에게 맡길 수는 없었다. 더욱이 뉴욕 제츠를 살 수 있을 만큼 엄청난 사업을 벌이는 데 시간을 쓸 거라면 그 일은 진정으로 내가 원하는 방식, 매일매일 그 일이 하고 싶어서 견딜 수 없는 그런 방식으로 해야만 했다. 그래서 나는 내 DNA에 잘 맞는 수단이 나올 때까지 기다렸고, 비디오 블로그가 생겨나자마자 뒤도 돌아보지 않고 뛰어들었다.

당신의 DNA를 받아들여라. **당신을 가장 잘 보여줄 수 있는 멋진 콘텐츠를 생산하라. 그러면 사람들이 당신의 말에 귀 기울여 줄 것이다.** 내 말을 믿고 그대로만 따른다면, 사람들이 당신을 찾아내고 팔로우하고 이야기를 퍼뜨려 줄 것이다. 사람들의 입을 여는 것, 그것이 핵심이다.

입소문을
내라

SNS 플랫폼을 퍼스널 브랜드 구축의 효과적인 수단으로 활용한다는 것은 곧 입소문을 낸다는 뜻이다. 여기에 새로운 것은 없다. 곡식 여섯 줌이 송아지 한 마리와 교환되었던 이래로 사업가들은 고객과 친구, 가족, 동료들이 자신이 만든 제품에 대해 어떻게 생각하는지 항상 궁금해했다. 그러나 그들의 경험을 이야기해 줄 수 있는 사람들은 늘 한정적이었다.

하지만 이제는 인터넷과 SNS가 - 그리고 곧바로 접속이 가능한 온라인 커뮤니티들이 - 입소문을 낼 수 있는 범위를 대폭 넓혀 주고 있다. 당신의 퍼스널 브랜드를 이용해 본 소비자들은 더 이상 그 경험을 친한 사람들에게만 이야기하지 않는다. 이제 페이스북 계정이 있는 사람은 에어프라이어로 맛있는 새우튀김을 만드는 당신의 재미난 페이스북 포스트를 읽고서 5천 명의 사람들에게 이야기를 전할 수 있다. 게다가 그 5천 명의 사람들은 무작위적으로 뽑힌 사람들이 아니라 해당 페이스북 계정의 소유주가 자신의 생각을 알아주기를 바라며 일부러 말을 건넨 5천 명의 페이스북 팔로워들이다. 따라서 그중 상당수가 호기심을 가지고 당신의 블로그를 직접 찾아볼 확률이 꽤 높다.

소매점 장사와 마찬가지로 일단 사람들이 당신의 가게(블로그)에 들어왔다면 절반은 성공한 것이나 다름없다. 또 당신의 블로그가 마음에 든 사람들은 상당수가 되돌아가서 자신을 팔로우하는 모든 이들에게 자기 의견을 다시 올릴 것이다. 이런 식으로 계속 이어질 경우 푸드샵을 운영하는 당신이 비용 하나 안 들이고 수천 명의 잠재적 블로그 독자들과 고객들에게 자신을 알리는 데 걸리는 시간은 얼마나 될까? 아마 10분이면 족하리라. 얼마나 신나는 일인가! 게다가 당신의 퍼스널 브랜드를 더 널리 퍼뜨려 줄 도구(플랫폼)들이 하루가 멀다 하고 계속 생겨나고 있으니 말이다.

퍼스널 브랜드를
구축하라

────────── ●

　아직 사업을 하고 있지 않더라도 당신은 자신도 모르는 사이에 이미 퍼스널 브랜드를 구축하고 있을 가능성이 높다. 대중의 눈길이 닿는 어느 인터넷 사이트에 계정을 만들었다면, 그 순간부터 이미 브랜드 구축은 시작된 것이다. 페이스북, 인스타그램, 유튜브 같은 SNS 사이트는 물론 블로그도 마찬가지다. 안 그런가?

　당신이 음식 마니아고, 페이스북이나 인스타그램 계정에 맛있는 음식의 요리 레시피와 잘 나온 음식 사진들을 올린다고 해보자. 그 행위를 통해 방금 당신은 요리책에 관심이 있는 출판사 에디터에게 그 사진들을 노출시킨 것이다. 얼마

지나지 않아 당신은 관련 분야의 책을 출판해 보지 않겠느냐고 묻는 이메일을 받을 수도 있다. 무슨 뜬구름 잡는 이야기냐고? 하지만 이런 일은 실제로 비일비재하다. 내 두 눈으로 똑똑히 보아온 사실이다. 지금은 어떤 콘텐츠라도 입소문을 타기만 하면 과거 그 어느 때보다 더 빠르고 널리 확산되는 시대이다. 우리가 이런 세상에서 살고 있다는 사실을 받아들여야 한다. 콘텐츠는 돌고 돌다가 마침내 적임자에게 도달한다. 당신이 디지털 세상에 발을 들여놓는 순간부터 게임은 시작된 것이다. 그러니 만반의 준비를 갖추어야 한다.

어쩌면 당신은 지금 하고 있는 일이 좋고 충분히 좋은 직장에 다니고 있으므로 퍼스널 브랜드 구축이 필요 없다고 생각할지도 모른다. 하지만 평생 그 직장에 다닐 수 있을까? 경기가 좋을 때라도 같은 직장에 계속 다니기란 그리 쉬운 일은 아니다. 그러니 어서 소셜미디어 도구들을 활용해 세상에 당신의 아이디어를 전하고 당신 스스로를 인지도 있는 브랜드로 만들기 시작하라.

당신이 투자회사의 애널리스트로 근무하다가 하루아침에 실업자가 되었는데, 내세울 것이라곤 별 볼 일 없는 이력서가 전부라면 어쩌겠는가? "내 이력서는 훌륭하다고요"라는 말로 나를 안심시키려는 사람도 있을 것이다. 하지만 그 이력서가 당신이 그동안 어디에서 얼마 동안 일했는지, 그리고 이것이 직장에서 달성한 특이사항을 강조하여 깔끔하게 정리한 PDF 파일인가? 그렇다면 단언컨대 당신에게 미래는 없다. 인사과에 제출해야 하니 잘 간직해 두긴 해야겠지만, 이제 그런 전통적인 이력서는 무의미해질 것이다. 당신이 그토록 자랑스러워 하는 이력서는 구직을 준비 중인 3천 명의 다른 애널리스트들이 흔들고 있는 이력서들과 별반 차이가 없다.

퍼스널 브랜드를 구축한다는 건 당신이 일하고 있는 매 순간 당신의 이력서에 생생한 숨결을 불어넣는 것과 같다. 당신이 페이스북에 올린 마지막 글과 댓글 그리고 가장 최근의 블로그 포스트가 현재 당신의 이력서다. 이런 식으로 당신은 세상에 당신의 아이디어와 의견, 당신만의 장점을 알리고 왜 기업들이 - 전혀 새로운 종류의 투자회사를 설립하기 위해 유능한 인재를 영입하려는 열정적인 사업가가 - 당신을 고용하지 않으면 안 되는지를 제시해야 한다.

만약 당신이 해고를 당하더라도 그동안 퍼스널 브랜드를 열심히 구축해 왔고 자기 자신을 매력적인 상품으로 잘 홍보해 왔다면, 그때 당신의 입지는 전혀 달라져 있을 것이다. 예전 같으면 일자리를 알아보기 위해 몇 시간씩 전화를 돌리고 이메일을 보냈을 테지만 이제는 해고 소식을 들은지 30분 만에 당신이 처한 상황을 블로그에 포스팅하고 페이스북에 상태 업데이트를 할 수 있다. 그러면 당장에 동종업계 관리자들이 당신이 일자리를 구한다는 사실을 알게 될 테고, 이미 당신의 브랜드에 친숙해 있던 그들은 이런 생각을 할 것이다. '음, 이 사람을 어떻게 우리 회사에 데려오지?'

인맥을 통한 고용은 일상다반사다. 당신이 크레스트 치약 회사의 영업부장으로서 온라인에 올리는 모든 글은 훗날 고려사항이 될 수 있다. 관련 업종에 대한 글이든('새로운 포장법을 개발했어요') 또는 일상적인 생각을 표현한 글이든('아이스하키를 다시 시작해 볼까 해요') 상관없다. 일차원적인 판단에 머물러서는 안 된다. 일과 관련이 없을 것 같은 모든 말과 글들이 이제는 관련이 있다. 당신이 온라인에 올리는 모든 글들을 어느 정도는 화기애애한 분위기에서 점심식사를 하며 오랫동안 진행되는 면접이라고 생각하라. 어느 회사의 고용 책임자가 비슷한 자격을 갖춘 두 명의 후보자 가운데서 한 명을 선택해야 한다면, 치약업계 쇄신에 대해 가졌던 공감대이든 아이스하키에 대한 공통의 관심사이든 과거부터 유대감을 느껴온 사람을 선택할 것이다.

콘텐츠를 통해 당신은 개인적으로든 직업적으로든 당신의 존재를 사람들에게 알리고 있다. 당신의 퍼스널 브랜드가 이미 널리 알려져 있고 인정도 받고 있다면, 당신이 직장을 필요로 하고 어딘가 공석이 생길 때 누구보다 먼저 부름을 받게 될 것이다. 당신이 퍼스널 브랜드를 잘 구축해 놓았다면, 기존의 이름난 기업들은 행운을 놓치게 될 확률이 높다. 이미 나처럼 그간 당신을 팔로우해 오던 사업기획자들이 선수를 쳐서 새롭고 흥미진진한 사업을 위해 영입하고 난 다음일 테니까!

더 이상 당신은
다른 사람의 배나 불려주기 위해
일하지 않아도 된다.

Chapter 4

완전히 새로운
세상이 왔다

CRUSH IT!

전통적인 플랫폼이
가라앉고 있다

———————————— ●

　앞으로의 비즈니스 세상은 재능 있는 사람들이 뛰쳐나가 활약하는 무대가 될 것이다. 더 이상은 구시대의 제도적 틀 안에 갇혀 있을 필요가 없기 때문이다. 예를 들어 신문과 잡지가 쇠락하고 있다고 해서 저널리즘이 죽었다고 생각하는 건 터무니없는 발상이다. 전통적인 플랫폼들이 어려움을 겪고 있다고 하더라도, 저널리스트들에게는 이러한 상황이 오히려 절호의 기회가 될 수 있다.

　독자들이 온라인으로 이동하면서 전통적인 플랫폼들은 사양길을 걷고 있다. 이는 곧 광고료도 온라인으로 이동한다는 뜻이다. 따라서 저널리스트들도 온라인으로 이동해야 하는 것이 당연하다. 그러나 그들의 기회는 여러 온라인 매체에 글을 기고하며 여기저기서 푼돈을 버는 데 있는 것도, 막대한 광고수익을 챙기는 온라인 기업에서 박봉을 받으며 월급쟁이 기자로 일하는 데 있는 것도 아니다.

다른 분야와 달리 저널리스트는 자신이 하는 일을 통해 꾸준히 브랜드 자산을 구축해 나갈 수 있다. 따라서 실력 있는 저널리스트라면 오늘날의 기술적·문화적 변화를 따라가지 못해 구멍 난 배처럼 가라앉고 있는 구시대 매체의 플랫폼에서 뛰어내려 자기 사업으로 갈아탄 뒤 성공의 기회를 모색해야 한다. 너무 쉽게 말하는 것 아니냐고? 물론 쉽지만은 않을 것이다. 그러나 앞으로 무슨 일이 일어날지 예측해 보자. 미래에는 이러한 현실을 직시하고 재빨리 대응하는 저널리스트와 기자들만이 살아남게 될 것이다.

그런데 혼자서 새로운 사업을 추진할 만큼의 비즈니스 마인드를 갖추고 있는 기자나 저널리스트가 그리 많지는 않다. 물론 불타는 기업가정신과 뛰어난 보도능력을 모두 겸비하고 있어서 사업기획자와 손을 잡지 않고도 근사한 유튜브 뉴스 서비스를 시작할 수 있는 사람도 드물게 있기는 하다. 그런 사람들은 큰 성공을 거둘 것이다. 그러나 재능은 출중하지만 비즈니스 감각은 좀 부족한 저널리스트들도 사업가들이 그냥 내버려두지는 않을 것이다. 장담컨대, 이 시장의 엄청난 잠재력에 대한 인식이 높아지면서 이미 사업가들이 새로운 사업에 합류시킬 최고의 인재들을 찾아 나서고 있다.

가령 네 명의 저널리스트들이 사업 파트너를 한 명 더 영입해 더데일리스쿱thedailyscoop이라는 회사를 창업하고, 이 다섯 명은 각각 20%씩 회사 지분을 소유한다고 해보자(물론 50명이 모여서 보다 적은 지분을 받는 형태로 갈 수도 있다). 이들이 처음부터 특종을 내기란 힘들 것이다(말이야 바른 말이지만, 요즘 신문이 온라인이나 TV보다 먼저 특종을 내는 경우가 얼마나 되겠는가?). 그래서 당분간은 소셜미디어를 집중적으로 활용해 자극적인 분석 기사들을 쏟아낼 것이다. 1년쯤 그렇게 하다 보면 광고가 들어오고 현금흐름이 원활해진다. 알다시피 돈은 사람들의 시선을 쫓아다니게 마련이고, 이들의 기사는 많은 독자들을 끌기에 충분히 매력적이니까. 안정적인 수입원이 확보되고 나면 뛰어난 저널리스트들을 더 고용해 탐사보도를 시작할 수 있다. 이때 기자들은 전쟁터 파견에 대한 대가로 8만 달러를 받는 식이 아니라 성장일로에 있는 '연 매출 1,300만 달러' 짜리 기업의 지분 7%를 받는 방식으로 일하게 될 것이다.

이처럼 신생기업들은 다양한 방식으로 운영될 수 있다. 〈월스트리트저널〉의 인기 저널리스트 열 명이 의기투합하여 사업 파트너와 함께 온라인 올스타팀 체제로 기업을 운영하거나, 아니면 온라인신문사를 만들어 기사가 한 번 조회될 때마다 기사 작성자에게 2달러씩 고료를 주는 방식으로 사업을 해나갈 수도 있다. 물론 부당한 방법을 쓰려는 사람도 생겨날 테고 윤리적인 문제도 불거질 것이다. 하지만 그런 노선을 택하는 사람들은 반드시 노출되게 마련이다. 어느 업계에나 숨은 의도를 갖고 있는 사람들이 있어 왔지만, 이제는 더 이상 그런 의도를 숨기기는 불가능해졌다.

또한 뉴스는 보다 지역 중심적으로 변화하고, 뉴스 파파라치가 등장할 것이다. 울타리를 넘나들며 스마트폰과 플립카메라로 대형 특종을 터뜨리기로 유명한 제랄도 리베라 Geraldo Rivera의 신버전인 '뉴스계의 이단아' 같은 퍼스널 브랜드가 생겨날 수도 있다. 그런 게 무슨 가치가 있겠느냐고? 천만의 말씀이다.

뉴스업계에 영향을 미치는 변화의 물결은 앞으로도 계속 이어질 것이다. 수요·공급의 구조에도 근본적인 변화가 시작되고 있다. 뉴스의 양은 많아지고 가격은 하락하고 있다. 이는 곧 원가를 대폭 낮추어야 한다는 뜻이다. 좋든 싫든 양질의 보도가 존중받던 시대는 지났다. 나라고 이런 현상이 마냥 좋을 리야 없지만, 이런 시류가 뉴스업계에 커다란 영향을 미치고 있다는 것은 엄연한 사실이다. 우리는 이러한 현실을 냉정하게 인식하고 받아들일 필요가 있다. 안타깝게도 한정된 지면 탓에 이 책에서 관련된 모든 측면을 다 심도 깊게 연구하고 분석할 수는 없다. 그러나 **한 가지 분명히 해둘 것은, 대세를 거스를 수는 없다는 것이다.** 어쨌거나 나에게 반론을 제기하는 사람들은 종이 신문에 애착을 느끼고 커피를 마시며 〈선데이타임스〉를 읽는 낭만을 그리워하는 일부 저널리스트나 개인들뿐일 것이다. 사업가들은 대부분 내 말이 옳다는 걸 알고 있다.

전통적인 플랫폼들이 가라앉고 있는 배라면 저널리스트들은 선원들이다. 그들은 어서 그 배에서 뛰어내려야 한다. 새로운 배까지 헤엄쳐 갈 만한 체력이 없다면 그들은 물에 빠져 죽고 말 것이다. 하지만 수영을 잘하는 이들은 아주아주 멀리까지 나아갈 것이다. 비즈니스는 늘 그런 식으로 이루어져 왔고 앞으로도 그럴 것이다. 이것이 이 책이 말하고자 하는 핵심이다. **판도가 바뀌고 있다는 사실을 받아들인다면 당신의 가능성은 무궁무진할 것이다.**

아직까지 많은 산업에서 중간유통 단계가 완전히 사라지지는 않았지만 계속해서 그런 추세로 나아가고 있다. 인터넷 기술의 발달로 음반산업과 뉴스산업의 판도가 달라진 것처럼 수많은 업종에서 지각변동이 일어나고 있다. 혁신의 물결이 이쯤에서 멈추리라 생각하는 순진한 사람이 있을까? 뉴스산업을 뒤흔들고 있는 커다란 물결은 인간의 상호작용에 기반하는 모든 산업을 뒤흔들 것이다. 그런데 지금까지 어떤 식으로든 인간의 상호작용에 기반하지 않는 비즈니스가 있었는가? 과거에 인쇄술이 그랬듯, 디지털은 콘텐츠와 모든 업계에 근본적인 변화를 가져올 것이다. 지금은 완전히 새로운 세상이다.

당신의 퍼스널 브랜드를 구축하고

새로운 세상에 대비하라!

지금 당장
미래를 준비하라

───────────

    미리 계획을 세우고 어느 방향으로 나아갈지 정해 놓지 않으면 훗날 커다란 곤경에 처하게 될 것이다. 이제는 100세 시대다. 지금 다니고 있는 직장이 아무리 좋다 하더라도 언젠가는 그 일을 그만두고 자신의 브랜드와 사업을 구축할 목표를 향해 나아가야 한다. 경우에 따라서는 그 일을 함께할 파트너를 구해야 할 수도 있다. **타인을 위해 일하는 한 자기 자신과 자기 열정에 온전히 충실한 삶을 살기란 결코 불가능하기 때문이다.** 물론 상황이 이렇다고 해도 부양할 가족이 있는 사람에게 내가 함부로 직장을 그만두라고 할 수는 없다. 무엇보다 가족이 우선이니까. 그러나 다음의 질문에 '예'라고 대답할 수 없

CRUSH IT!

다면 직장을 그만둘 계획을 진지하게 세워보기를 바란다.

1. 현재의 직장에 만족하는가? 그 일이 정말로 마음에 드는가? 월요일 아침마다 '지금이 금요일 밤이었으면 얼마나 좋을까' 하는 생각을 하며 궁시렁거리지는 않는가?

2. 현재의 직장이 업무와 관련된 분야에서든 개인적으로 좋아하는 분야에서든 당신이 대중적인 페르소나를 가질 수 있도록 허용하는가? 다시 말해, 직장과는 별개의 정체성으로 블로그나 유튜브 또는 퍼스널 브랜드 구축 활동을 공개적으로 할 수 있는가? 금융계나 법조계 등 일부 업계에서는 이를 허용하지 않는다. 금융계나 법조계에서 일하는 게 좋다면, 개인활동을 희생해도 괜찮을 만큼 그 분야를 좋아하는가? 10~20년 뒤에도 똑같이 지금의 일이 좋으리라 예상되고, 소셜미디어에 잠재된 그 모든 기회들을 놓친 것이 후회되지 않겠는가?

3. 직장 내에서는 허용되지 않지만 개인시간에는 퍼스널 브랜드 개발이 허용되는가?

2번과 3번 질문에 대한 대답이 '아니오'라면, **당신의 현재 직업 만족도와는 상관없이 무슨 수를 써서라도 다른 일자리를 찾거나 개인사업을 시작할 기초작업에 들어가기를 권한다.** 언젠가는 결국 숨이 막혀 견디지 못할 테니까! 유능한 인재를 옭아매고 입을 틀어막는 기업은 인재가 시류에 발맞춰 나가지 못하도록 앞을 가로막고 있는 것이나 다름없다. 당신은 뒤처지기를 원하지 않을 것이다. 퍼스널 브랜드를 개발할 자유 없이는 콘텐츠 생산을 통해 이름을 알리는 경쟁체제에서 매우 불리한 입장에 놓일 수밖에 없다.

직장은 마음에 안 들지만 그래도 집이나 직장에서 좋아하는 분야에 관한 블로그 또는 유튜브 활동으로 브랜드 자산을 쌓는 건 가능할 수 있다. 이런 경우에도 나는 직장을 떠나 창업 계획을 세우라고 말하고 싶다. **좋아하지도 않는 일을 하면서 허송세월을 하기엔 인생이 너무나 짧다.** 하지만 내가 더 우려하는 건 직장생활에는 만족하지만 대중에게 자신의 이야기를 할

수 없는 사람들이다. 적어도 콘텐츠를 생산하고 자기 브랜드를 구축 중이라면 미래에 대한 대비는 하고 있다는 것인데 그들에겐 그럴 기회조차 없는 것이니까!

하지만 직장생활도 만족스럽지 못하고, 자기 얼굴도 드러내지 못하며, 자신이 무엇을 좋아하는지 세상에 말하는 것도 금지당해 왔다면 지금 당장 거기서 뛰쳐나와라. 그렇지 않으면 퍼스널 브랜드를 만들 기회가 없으며, 퍼스널 브랜드가 없는 사람은 직업적으로 익사한 것이나 다름없기 때문이다.

물론 경제적 안정은 중요하다. 그러나 만약 당신이 이 세상 누구보다 더 카메라를 좋아하고 잘 아는 사람이라면, 카메라에 대한 이야기로 돈을 벌 수 있다. 내 영혼을 걸고 맹세한다.

Chapter 5

매력적인 콘텐츠를
만들어라

CRUSH IT!

품질이 가장
우선이다

───────────●

소셜마케팅 네트워크를 활용해 퍼스널 브랜드를 수익성 있는 사업모델로 전환하려면 '상품'과 '콘텐츠'라는 두 가지 요소가 확실히 뒷받침되어야 한다.

앞서 나는 자신이 가장 열정을 바칠 수 있는 대상을 상품화해야 한다고 말한 바 있다. 이때 어떤 상품이나 콘텐츠가 되었건 무엇보다 중요한 것은 '품질'이다. 어떤 대상에든 열정을 쏟고 상품화하고 홍보를 할 수는 있지만, 만약 그렇게 내놓은 스포츠 음료의 맛이 쓰레기 같다면 혹은 그 음료에 대해 잘못된 정보를 제공한다면 실패는 따논 당상이다.

전문성을
확보하라

─────────────────── ●

　매력적인 콘텐츠를 SNS에 올리면 사람들이 관심을 가질
것이다. 당신의 열정에 전문성이 더해진 콘텐츠라면 더더욱
그럴 것이다. 그러니 당신의 콘텐츠를 차별화된 방식으로 매
력적으로 만들어야 한다.

　책과 전문잡지, 뉴스레터, 웹사이트 등 가능한 모든 자료
를 읽고 통달하는 것은 물론이고, 강의를 듣고 강연과 컨퍼
런스에 참석하는 노력을 기울여야 한다(동일 주제의 다른 블로그
를 방문하여 그 운영자와 교류하는 것도 좋다). 심지어 이러한 학습
의 과정마저도 콘텐츠화할 수 있다. 소아과 의사가 학회지에
실린 최신 연구를 바탕으로 백신의 사용방식을 바꿔 볼까 고

려 중이라고 한다면, 환자의 가족들은 그를 더더욱 신뢰하게 될 것이다. 그가 최신 연구에 빠삭하다는 증거니까!

———·

당신이 열정을 가지고 구축 중인 퍼스널 브랜드에 상품성이 있는지 여부를 확실히 알고 싶다면 다음 질문에 답해 보자.
"당신이 열정적으로 써 내려갈 수 있는 블로그 주제를 최소한 50개쯤 생각해 낼 수 있는가?"
이 정도 게시물을 쓸 만큼의 열정을 가져야 상황파악이 제대로 될 것이다. 진짜 열정이 있다면 500개라고 못 쓰겠는가. 그것도 흥미로운 주제로만 말이다. 하지만 대부분의 사람들은 시작도 해보기 전에 실패를 이야기한다. 어떤 사람은 슬라임(액체괴물)에 관심이 많으면서도 이런 생각에 빠져 있다.
'어떻게 슬라임으로 1억을 벌겠어?'
하지만 다른 사람은 이렇게 말한다.
"슬라임? 그래, 까짓거 한 번 해보지 뭐!"
성공이 누구에게 손짓을 하겠는가?

스토리로
승부하라

─────────── ●

　매력적인 콘텐츠에는 '스토리'가 있다. 소매업에 종사하
든, B2B나 고객서비스 업무를 하든 마찬가지다.

　만약 당신이 부동산 중개인이고 업무지역이 뉴저지주 클
라크라면, 당신은 클라크만의 특별한 점을 모두 소개해 주어
야 한다. 팔려는 집 이야기만 하지 말고, 그 동네에 대한 이야
기를 모두 들려주어야 한다. 당신만큼이나 고객도 그곳에 관
심을 가지게 만들어야 한다.

　만약 당신이 의사라면 오늘 진료했던 흥미로운 환자에 대
한 이야기를 들려주자. 요즘 유행하는 병이 무엇인지 이야기
하거나 독감 예방주사에 관한 조언 또는 의견을 말해도 좋다.

세일즈에 관심이 있는 사람이라면 왜 그 일을 좋아하는지, 가장 즐겨 쓰는 설득기법은 무엇인지, 가장 재미난 고객과 가장 힘든 고객은 어떤 사람인지를 이야기하자.

당신의 이야기가 마음에 든 사람들은 나중에 다시 찾아올 것이다. 또 친구들에게도 당신을 소개해 주어 그 친구들도 찾아올 테고, 그렇게 사람들이 모여드는 곳이라면 광고수익이나 협찬, 플랫폼 확장에 대한 제안 등으로 돈도 따라오게 마련이다.

스토리로 승부하라.

최고의 이야기꾼이 되면

누구든 성공할 수 있다.

착각은
금물이다

━━━━━━━━━━●

얼마나 많은 사람들이 나에게 와서 "안녕하세요, 저는 장차 제2의 오프라 윈프리가 될 겁니다"라는 식으로 자기소개를 하는지 아는가? 물론 나 역시 자신감이라면 하늘을 찌르는 사람이고, 원대한 야망을 품고 있는 이들을 누구보다 존경한다. 하지만 현실을 직시하자. 모두가 다 오프라 윈프리가 될 수 있는 것은 아니다. **누구든 스스로를 정확하게 판단할 능력이 있음에도 가끔 우리는 자기 자신을 속이곤 한다. 때로는 타인보다 자기 자신을 더 자주 속이기도 한다.**

자신이 하고 있는 일과 열정의 대상, 만들고 싶은 콘텐츠에 대해 생각 중이라면 스스로에게 이렇게 질문해 보자.

"기술(낚시, 마케팅, 축구)에 내 모든 열정을 쏟을 수 있는가?"

"그렇다."

"좋아, 그럼 내가 기술(낚시, 마케팅, 축구)에 관한 한 세계 최고의 블로거가 되기에 충분한가?"

"글쎄…."

위의 두 가지 질문에 자신 있게 대답할 수 없다면 - 생각만큼 내 열정이 확실한 걸까? 다른 누구보다 내가 그 이야기를 더 잘할 수 있을까? - 성공의 길은 묘연하다. 최고는커녕 다섯 번째, 아홉 번째, 열두 번째에도 들기 힘들다. 물론 이만큼만 돼도 충분히 사람들에게 인정을 받고 수익을 낼 수 있을 텐데 말이다.

하지만 '열정적으로 좋아하는 것에 관한 블로그를 만들면 누구나 돈을 벌 수 있다'고 내 입으로 말하지 않았느냐고? 물론 그랬다. 하지만 자기 자신을 제대로 파악하지 못하는 사람들이 많다. 그처럼 **착각 속에 빠져 있다가는 돈도 못 벌고 행복해질 수도 없을 뿐더러 온라인상에 넘쳐나는 그저 그런 블로거 중 하나로 전락할 뿐이다.**

열정의 대상이 무엇이든
사업화할 수는 있다.
다만 그로 인한 수익의 규모는
당신이 도전하려는 분야의
규모와 차별화에
얼마나 성공하느냐에 따라
달라진다.

적절한 표현수단을
선택하라

━━━━━━━━━━ ●

누구나 따분한 블로그를 봐왔을 것이다. 사실 대부분의
블로그가 따분하기 그지없다. 블로그 주인이 자기 분야를 잘
몰라서 그런 걸까? 아니다. 그에겐 전하고자 하는 메시지도
있고, 의미 있고 유용한 정보도 있다. 문제는 그의 지식 부족
에 있는 것이 아니라 허구한 날 똑같은 이야기만 늘어놓고
있다는 데 있다. 뭔가 다른 이야기, 당신을 빛나게 해주고, 당
신에 관한 흥미를 샘솟게 하며, 당신의 넘치는 개성과 열정
을 보여주고, 내성적인 사람이든 외향적인 사람이든 누구나
관심을 가질 만한 그런 이야기를 해야만 한다.

많은 사람들이 시각적 요소를 넣고 색다른 방식으로 정보

를 전달하고자 다양한 형식으로 블로그를 운영한다. 거기까지는 좋다. 그러나 단지 시청각적 요소들을 추가하는 것만으로 당신의 브랜드와 사업을 비약적으로 성장시킬 수는 없다. 이런 도구들은 적절한 용도로 사용할 때에만 효과가 있다.

아무리 내성적인 사람이라도 자기가 열정적으로 좋아하는 것을 적절한 방식으로 이야기할 때면 활기가 넘친다. **어떤 엔지니어가 들려주는 공학 이야기가 지루하기 짝이 없다면, 거기에는 세 가지 이유가 있다. 주제를 잘못 선정했거나, 맞지 않는 표현수단을 사용했거나, 진짜 마음이 다른 데 있기 때문이다.** 그 사람과 한 시간만 이야기해 보면 그에게 맞는 표현수단은 글쓰기이며, 그가 진정 좋아하는 것이 공학보다 야구라면 그런 사람은 야구에 관한 글을 써야 한다. 그러면 분명 피드백도 많아지고 공학에 대한 이야기를 할 때보다 금전적 보상도 더 커질 것이다.

영상을 찍는 것이 편한 사람도 있고, 글쓰기가 익숙한 사람도 있으며, 방송 체질인 사람도 있다. 이런 사람들은 특별한 사람들이다. 하지만 절대다수의 평범한 사람들은 그런 쇼맨십을 가지고 있지 않다. 그렇다고 해서 그들이 성공하지 못한다는 얘기는 아니다. 다만 성공에 대해 보다 현실적인 기준을 가질 필요가 있다. 유명인들이 수백만 달러를 번다면 일반인들은 5만 달러 정도만 번다고 생각하면 된다. 실망스러운가? 이렇게 생각해 보자. 누가 봐도 특별한 오프라 윈프리는 적절한 표현수단과 적절한 주제로 자신의 브랜드를 구축했고, 절대다수가 그런 식으로 한 푼도 못 벌고 있을 때 수십억 달러를 벌었다. 하지만 이제는 일반인들도 열정의 대상과 표현수단을 잘만 조합하면 4만~100만 달러는 벌 수 있다. 미국을 포함해 전 세계 어느 나라에서나 연간 5만 달러 정도면 큰 불편 없이 살 수 있다. 그 정도면 매일 무거운 몸을 이끌고 직장에 다니면서 버는 만큼은 되지 않는가. 게다가 똑같은 돈을 자신이 미쳐 있는 것에 대한 이야기를 하면서 벌게 되니, 이만하면 한번쯤 해볼 만하지 않은가?

스스로를 돌아보자.
자신에게 어울리는 표현수단과
적절한 주제를 선정하고,
근사한 콘텐츠를 작성하라.
그러면 행복을 누리면서
돈을 벌 수 있다.

미끼를 던지고
올가미로 낚아채라

━━━━━━━━━━━ ●

콘텐츠는 두 가지 방식으로 활용할 수 있다.

하나는 콘텐츠를 만들고 게시하여 사람들이 와서 보도록 하는 것으로, 미끼처럼 활용하는 것이다.

다른 하나는 관련 분야의 다른 콘텐츠에 댓글을 달아 기존 대화에 끼어든 다음 사람들이 당신을 찾아와야 할 이유를 적극적으로 제시하는 것으로, 올가미처럼 활용하는 것이다. 물론 그들이 당신의 킬러 콘텐츠를 찾을 수 있는 링크를 제공해 주어야 한다.

그럼, 다음 장으로 넘어가 보자.

Chapter 6

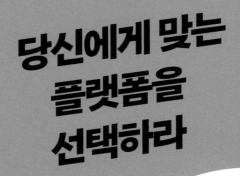

당신에게 맞는
플랫폼을
선택하라

블로그는
기본이다

━━━━━━━━━━ ●

죽여주는 상품이나 서비스, 콘텐츠가 확보되었다면 이제는 블로그를 통해 당신의 메시지를 전달할 차례다. 온라인에서 선택할 수 있는 도구로는 비디오·오디오·텍스트가 있으며, 이 세 가지를 섞어서 사용하는 사람들도 있다.

사업 구축시 플랫폼 선정단계에서 무엇보다 중요한 것은 DNA의 명령을 따르는 일이다. 나의 경우 가장 효과적인 콘텐츠 전달 수단은 동영상이기 때문에 나는 동영상 제작에 집중하는 편이다. 특히나 요즘처럼 점점 글 읽기에서 멀어지고 있는 사람들의 관심을 사로잡고 그들을 유인하는 데에는 동영상이 유리하다. 또 퍼스널 브랜드를 홍보하려 할 때도 사람들에게 자신의 모습을 보여주는 것은 득이 된다. 유튜브 YouTube나 비메오Vimeo 등의 비디오 블로그에 적합하지 않은 주제는 없다. 세일즈에 관심이 있다면 세일즈에 대한 브이로 그Vlog 영상을 만들어 보자. 세일즈맨 샘이 매일같이 새로운 품목을 판매한다면 어떨까? 월요일에는 꽃을 팔고, 화요일에는 벼룩시장에 나가는 등등으로 일주일 동안 매일 다른 주제를 다루는 것이다. 아니면 새로운 직장을 구해 '올해의 판매왕'이 되기까지의 과정을 기록해 나갈 수도 있다. 회계사도 동영상을 활용할 수 있다. 나의 경우 회계자료는 절대 읽고 싶지 않지만, 회계사가 재무제표나 운용수익 따위의 내용을 동영상으로 지루하지 않게 제작해 자기만의 개성과 장점을 담아서 설명한다면 그런 건 볼 용의가 있다. 장담컨대, 당신도 그렇게 하면 분명 사람들의 관심을 끌어모을 수 있을 것이다.

　나는 말하는 걸 좋아하고 개성이 뚜렷한 사람이어서 동영상을 선택했고, 이 매체를 활용하는 게 너무나도 재미있다. **하지만 다시 한번 강조하는데, 당신의 DNA와 타협하지 마라.** 카메라 앞에서는 수줍음을 타지만 자기만의 색깔이 있고 거기다 목소리까지 감미롭다면 억지로 비디오 블로그를 하려 들 것이 아니라 오디오 팟캐스트를 하면 된다. 사진이나 커피, 요리, 스쿠버다이빙을 가지고도 똑같이 할 수 있다. 목소리는 깩깩거리고 부끄럼도 많이 타지만 글 쓰는 것 하나만큼은 자신이 있다면 글로 쓰는 블로그가 제격이다. 멋진 블로그로 큰돈을 벌어들인 사람들의 성공 스토리는 차고 넘친다. 당신도 그 주인공이 될 수 있다.

———

블로그에는 또 다른 장점도 있다. 블로그의 콘텐츠는 계속해서 변화하고 나날이 늘어나기 때문에, 사람들이 인터넷 검색을 통해 특정 블로그를 찾을 수 있는 확률이 높아진다. 게다가 홈페이지를 개설할 때는 엄청난 시간과 비용이 필요할 뿐더러 새로운 프로그램 사용법도 익혀야 하지만 블로그 페이지는 누구나 손쉽게 만들 수 있다. 사용법이 단순하고 사용자에 맞게 변경도 가능하며 무엇보다 공짜다. 더 이상 뭘 바라겠는가?

이미 쇼핑몰 웹사이트를 가지고 있거나 B2B에 초점을 두고 있다 하더라도 블로그를 시작할 필요가 있다. 이렇게 생각해 보자. 홈페이지의 용도는 물류관리와 판매촉진을 위한 것이고, 블로그는 브랜드의 본질을 알리기 위한 것이다. 고정적인 틀이 짜여져 있어 변경이 쉽지 않은 홈페이지와 달리 블로그에서는 말하고 싶은 주제를 계속해서 확장해 나갈 수 있다. 예를 들어 소프트웨어 업체를 운영하고 있는 사람이라면 홈페이지에서는 자신이 판매하는 상품과 서비스를 소개하고, 오디오 팟캐스트에서는 현재 소프트웨어 업계의 동향에 대한 생각을 밝히거나 자기 회사 제품을 사용하는 기업의 리더들 또는 심지어 사용하지 않는 사람들까지 인터뷰하여 제품의 장단점에 대해 깊이 있게 파헤쳐 볼 수 있다. 만약 당신이 IT 트렌드에 관한 한 모르는 것이 없는 살아 있는 백과사전인데다 재미도 있는 사람으로 알려지게 되면, IT에 관심 있는 사람들이 당신과 비즈니스를 하고 싶어 할 가능성이 훨씬 더 높아질 것이다.

———·

CRUSH IT!

당신의 블로그는 누구에게나 열려 있고, 누구나 당신을 찾을 수 있는 당신의 주 활동무대이자 중심지가 될 것이다. 또한 **블로그는 당신이 작성하는 모든 콘텐츠가 보관되는 저장소의 기능을 하며, 본질적으로 당신과 당신 사업이 어떻게 발전하고 확장되어 왔는지 보여 주는 기록보관소를 구축해 준다.** 블로그는 당신이 원하는 만큼 크게, 오래, 자주 떠들 수 있고 심층적인 문제까지 다룰 수도 있는 곳이다.

블로그에 꾸준히 사람들을 유입시키기 위해서는 관심사를 공유하는 온라인 커뮤니티에 가입하여 지속적으로 활동할 필요가 있다. 그들이 곧 당신의 블로그를 방문할 사람들이기 때문이다. 그리고 블로그를 제대로 홍보하기 위해서는 앞으로 당신이 마케팅과 SNS 활동을 활발히 펼쳐 나갈 온라인 플랫폼을 하나 이상 확실하게 선택할 필요가 있다.

새로운 플랫폼을
활용하라

━━━━━━━━━━ ●

나는 와인라이브러리닷컴을 시작할 당시 무료배송 코드를 안내하느라 세 군데의 마케팅 광고 채널에 7,500달러를 썼다. 하나는 뉴저지 고속도로상의 입지 좋은 광고판이었고, 나머지는 다이렉트 메일과 라디오 광고였다. 광고판 덕분에 들어온 주문은 170건, 라디오 광고로는 약 240건, 다이렉트 메일로는 300건이 조금 넘게 들어왔다. 그런데 트위터(X)에 공짜로 쓴 무료배송 안내 공지로는 48시간 만에 1,700건의 주문을 받았다. 이 일화만 보더라도 플랫폼이 얼마나 중요한지, 그리고 기존 플랫폼들의 효과가 얼마나 떨어져 가고 있는지를 알 수 있다. 이처럼 전통적인 플랫폼들이 새로운 시대에 서둘러 적응하지 못하면, 그들은 사라지거나 기껏해야 구시대의 유물로 남게 될 것이다.

물론 지금까지 TV, 신문, 라디오를 통해 기업들과 몇몇 운좋고 인맥 좋은 개인들은 며칠 내로 전 세계에 자신들의 콘텐츠를 전파할 수 있었다. 하지만 이제는 이런 매체들이 SNS라는 역대급 글로벌 플랫폼의 그늘에 가려 맥을 못 추고 있다. SNS는 이제 당신의 킬러 콘텐츠와 퍼스널 브랜드를 며칠이 아닌 단 몇 초 만에 대중들에게 퍼뜨려 주는 훌륭한 도구가 되었다.

전통적인 마케팅 및 광고 매체를 통한 브랜드 홍보와 SNS 플랫폼을 통한 홍보의 차이는 조랑말 속달우편으로 서신을 전하는 것과 인스턴트 메신저로 메시지를 전하는 것의 차이와도 같다. 물론 예전의 방식을 사용해도 나쁘지는 않겠지만, 전하려는 소식이 목적지에 도착했을 즈음에는 수신자가 이미 관심이 떠났거나 당신에 대해 까맣게 잊고 있을 가능성이 높다.

현재 비즈니스 콘텐츠를 배포하는 데 이용되고 있는 SNS 플랫폼의 수는 50~60개에 달할 정도로 많지만 잘 익혀두어야 할 주요 플랫폼은 몇 개가 되지 않는다. 그중 일부는 이름만 재미날 뿐이지 사실 이것들도 지난 수세대 동안 사업 구축과 상품 홍보를 위해 사람들이 활용해 왔던 광고판이나 팩스, 전화와 별반 차이가 없다.

그럼, 이제부터 소셜마케팅 플랫폼의 대표주자들과 그것들의 효과적인 활용법에 대해 알아보도록 하자.

가장 광고지향적인
페이스북

━━━━━━━━ ●

페이스북^{Facebook}은 2004년 2월에 개설되어, 퍼스널 브랜드 구축과 경제적인 효과 면에서 필수적인 소셜 네트워크 서비스이다.

내가 페이스북 이용을 권장하는 데는 몇 가지 이유가 있다. 우선 다른 플랫폼과 달리 탄력성과 유연성이 뛰어나기 때문이다.

글이나 사진은 유튜브에서 사용하기 어렵다. 인스타그램은 사용자의 페이지에 90초까지의 동영상(릴스)만 허용하고 있다. 또 길게 쓴 콘텐츠는 트위터(X)와 스레드에서 호응받기 어렵다. 하지만 페이스북에서는 글과 사진, 1시간 이상의 동영상 그리고 블로그 포스트의 링크를 걸어도 쉽게 호응을 얻는다. 또한 페이스북에서는 사진이나 유튜브 앱으로 음악만 올려도 사람들의 호응을 얻기 쉽다. 더구나 13초짜리 동영상이든 31분짜리 동영상이든 페이스북에서는 제한이 없다 (최대 240분까지 가능하다).

이처럼 페이스북의 유연성은 창의력을 끌어내는 데 강력한 힘을 발휘한다. 또한 페이스북은 가장 광고지향적이어서 등한시할 수 없는 플랫폼이다.

아직까지 페이스북에 관심이 없었다면 지금부터라도 페이스북에 관심을 가져보자. 왜냐하면 페이스북이 퍼스널 브랜드를 위해 핵심 콘텐츠를 창출하는 공간은 아닐지라도, 다른 플랫폼에서 이루어지는 활동이 공유되고 발전에 도움이 되는 플랫폼이기 때문이다. 페이스북은 독창적인 콘텐츠를 확장할 수 있는 일종의 캔버스일 뿐 아니라 우리에게 꼭 필요한 유통 채널이다.

———·

페이스북의 DNA는 입소문이다. 즉, 이곳은 공유의 최전선이다. 대체로 다른 플랫폼에서 열혈 사용자들은 그랜드 슬램을 달성하거나, 혹은 삼진아웃이라는 극단적인 결과를 맞는다. 하지만 페이스북에서는 그럴 일이 없다. 이 플랫폼에서는 콘텐츠 제작이 능숙하다면 매일 200명 이상이 나의 게시물을 공유할 수도 있다. 물론 그다음 콘텐츠들에는 공유 숫자가 13명으로 떨어지는 날도 있을 것이다. 하지만 언젠가는 7,000명이 공유하는 날도 올 것이다. 콘텐츠를 공유할 때마다 아무리 보잘것없는 콘텐츠라도 브랜드 인지도가 자연스레 구축되는 셈이다. 한마디로 페이스북은 팔로워 수가 많지 않은 사람들이라도 자신의 퍼스널 브랜딩 활동을 펼치기에 가장 좋은 플랫폼이라고 할 수 있다.

또 엄청나게 세분화된 페이스북의 타기팅Tageting 기능 덕분에 우리는 타깃을 내 관심사와 지역, 직장 등으로 분류할 수 있다. 그리고 페이스북은 예산에 구애받지 않고 자유롭게 광고(홍보)할 수 있다. 가령 최신 유행을 따라 자신의 브랜드를 론칭하는 경우 타깃 선택만 잘하면 단돈 10달러로 뛰어난 포스팅 효과를 얻을 수 있을 뿐 아니라 2,600회의 노출도 가능하다. 1,000회 노출당 비용 CPM은 시장에 따라 다르지만 페이스북은 가장 저렴하면서도 효과적인 광고제품 중 하나로, 초창기 시절 구글의 애드워즈와 견줄 만하다.

이처럼 페이스북은 마케팅, 판매 그리고 브랜딩을 한자리에서 모두 할 수 있는 최고의 플랫폼이다. 관심을 끌어낼 수 있는 매월 20억 명의 잠재고객을 보유하고 있는데도, 그 가치가 여전히 평가절하되고 있다는 건 아쉬운 일이 아닐 수 없다.

유튜브,
전 세계를 사로잡다

━━━━━━━━━━ ●

평소 동영상에 관심이 없는 사람이라도, 유튜브^{YouTube}에 업로드할 동영상 제작을 직접 한 번 시도해 보자.

너무나도 많은 사람들이 자신을 카메라 앵글에 담을 만한 존재로 여기지 않는다. 하지만 브이로그 전성시대인 지금, 브이로깅^{Vlogging}은 아주 평범한 사람들이 참여해 두각을 나타내고 있다. 머리가 특별히 좋거나 아름답거나 뛰어난 재능을 요구하지 않는 것이 유튜버의 세계다.

실제 유튜브의 동영상을 보면 뷰티 브이로거나 보디빌더, 그리고 인기 급상승 아이돌들을 제외하고, 즉 외모와 신체조건이 중요한 관련 업계의 사람들을 제외하고는 대부분 평범한 모습으로 브이로그를 찍어 올리고 있다.

브이로깅은 만들어 내는 게 아니라 기록이다. 기록은 누구나 할 수 있다. 즉, 말 그대로 누구나 브이로깅을 할 수 있다는 것이다. 유튜브 플랫폼에 진출하기 위해 뛰어난 재주 같은 건 필요 없다(아무리 그렇게 말해도 이 책을 읽는 99%는 이를 재주로 본다). 만들어 내는 게 아니라 기록을 할 때는, 그 일을 해 나가면서 배우면 되기 때문이다.

우리는 (아직) 전문가가 될 필요가 없다. 우리는 (아직) 성공할 필요가 없다. **우리가 해야 할 유일한 일은 나의 브이로그를 흥미롭게 만드는 것뿐이다.**

흥미롭다는 건 주관적인 것이다. 내가 정말로 흥미롭게 본 동영상이 뭔지 아는가? 자기 집 차고에서 중고물품 파는 일을 홍보하는 동영상이었다. 이 동영상을 흥미롭게 본 건 나뿐만이 아니다. 유튜브를 검색해 보면 이 주제만을 다룬 동영상 조회 수가 5만 회부터 100만 회를 넘길 정도로 많다는 것을 알 수 있다. 그러니 내가 만든 동영상이 누군가의 눈길을 끌 가능성이 없다고 미리 단정 짓지 말자. 이는 시장이 결정할 몫이다. 안 쓰는 중고물품 몇 점을 차고에 벌여놓고 동영상을 찍은 사람들이 기록한 저 엄청난 조회 수를 기억하라.

브이로그는 누구나 덤벼들 수 있는 분야이고, 유튜브는 이러한 브이로거들의 멋진 놀이터이다. 유튜브는 가장 평범한 사람들이 자기만의 것으로 뭔가를 성취해 내는 장소이자 우리가 지닌 최고의 장점을 찾아내는 플랫폼이다.

관심 가는 것이 너무 많은가? 어디에 소질이 있는지 확신이 잘 안 서는가? 나에게 사람들을 끌어들일 만한 매력과 카리스마가 있는지 잘 모르겠는가?

책에 특별히 관심이 많은 사람이라면 책 전문 브이로거로 나설 것인지, 아니면 최근 즐겨 마시게 된 보이차의 전문가로 나서는 게 나은지 갈피를 못 잡겠는가? 그렇다면 일단 스마트폰을 집어 들고 자신의 하루 일상을 촬영해 보자. 그런 다음 그 영상을 매일 유튜브 브이로그로 올려보자. 어떤 게시물이 더 많은 호응을 끌어냈는지 확인하고, 주목을 많이 받은 부분에 전념해 보자. 내가 가진 물건이 괜찮은지 아닌지 알려면 우선 이 물건을 사람들에게 선보여야 한다는 사실을 잊지 말자.

유튜브가 우리를 하루아침에 카리스마 넘치고 재미있는 사람으로 만들어 주지는 않는다. 하지만 내 속에 그런 것이 있다면 그런 모습은 언젠가 드러날 것이다. 자신을 솔직하게 드러내지 않는 사람에게 유튜브가 해줄 수 있는 건 아무것도 없다.

만약 당신이 유튜브라는 플랫폼을 거점으로 정했다면, **하나하나 천천히 시도해 보고 접근방법을 배워 나가고 청중의 반응이 어떤지 살피는데 1년 정도 할애해 보자. 그리고 청중이 하는 말에 귀 기울여 보자.**

여기서 내가 하고 싶은 말은 '완벽함이 우리의 적이 되게 하지 말자'는 것이다. 겨우 10회 정도 에피소드를 올려놓고 조회 수가 너무 적다거나 청중에게 무시당했다는 이유로 채널을 내려버리는 우를 범하지 말자는 당부이다. 나 자신에게 꼭 성공할 기회를 부여하자.

인스타그램과
스토리

인스타그램Instagram은 유튜브를 제외하고 다른 어떤 플랫폼보다 많은 유명인을 배출해 냈다. 그만큼 규모가 크고 콘텐츠 제작자든 큐레이터든 상관없이 성공할 수 있는 곳이며, 파급력과 영향력 면에서도 가장 인기 있는 소셜 네트워크다.

인스타그램은 해시태그, 콜라보레이션, 태깅, 광고 등 브랜드 인지도를 올리기 위해 전술적으로 사용할 수 있는 강력한 도구들이 포진되어 있다. 물론 페이스북만큼 유연하지는 않지만 동영상에 대한 시간제한 등 사용자들이 불편해하는 요소를 개선하기 위해 꾸준히 노력하고 있다.

나는 숙련된 사진작가, 요리사, 디자이너 및 예술가와 같은 인플루언서들이 유튜브나 페이스북보다는 인스타그램에서 양질의 활동을 펼칠 수 있고 대중의 관심을 끌어낼 수 있다고 믿고 있다. MZ세대를 넘어 40~50대도 요즘은 인스타그램을 즐겨 이용한다. 왜냐하면 이미 익숙한 페이스북보다는 인스타그램이 더 새롭고 참신한 공간으로 다가오기 때문이다. 게다가 이 플랫폼은 2016년 8월 스토리 기능 출시와 더불어 두 배 이상 활용도가 껑충 뛰었다.

인스타그램 스토리는 순식간에 확장되었다. 이미 스냅챗에서 금방 보고 사라지는 콘텐츠에 대해 사용자들이 익숙해진 터라, 인스타그램에서는 플랫폼이 새로운 기능을 소개할 때마다 늘 나타나는 학습곡선 현상이 보이지 않았다.

인스타그램은 또한 사용자들이 놓치지 않도록 이 새 기능을 가장 눈에 띄는 앱의 상단에 두었다. 덕분에 1년이 채 지나지 않아 스토리 기능은 완벽하게 큐레이션된 콘텐츠만 올리던 기존의 인스타그램 피드를 보완해 자유로운 콘텐츠를 만드는 다이내믹한 공간을 제공하면서 인스타그램에서 가장 유용한 기능이 되었다.

인스타그램은 SNS 초보자들도, 어떤 신예도 이 채널을 필수 플랫폼

으로 삼을 만큼 다양한 기능들을 제공한다. 사용자들은 이곳에서 후손에게 길이 남길 콘텐츠를 올릴 수 있고, 즉각적인 만족감을 얻기 위한 콘텐츠를 올릴 수도 있다. 또한 펜 기능을 이용해 사진에 무언가를 그릴 수도 있고, 사진 보정을 할 수 있을 뿐 아니라 캡션을 넣을 수 있고 태그를 추가할 수도 있다. 그리하여 우리는 콘텐츠가 웹사이트에 있든 블로그에 있든 다른 소셜 네트워크에 있든 상관없이, 사람들을 우리 콘텐츠로 유도할 수 있는 기회의 문을 활짝 열게 되었다.

퍼스널 브랜드를
구축하고자 하는 사람은
인스타그램이 딱 좋다.
콘텐츠 제작자이든 큐레이터든
인스타그램에 집중하자.
그렇지 않으면 오랫동안
후회하게 될 것이다.

트위터(X)와 스레드

트위터(X)와 스레드Threads는 이 사회의 청량음료 같은 역할을 한다. 지금 세상에서 벌어지고 있는 놀라운 일이나 모든 뉴스, 대중문화 이벤트에 대한 최신 업데이트를 얻을 수 있는 공간이기 때문이다. 트위터 이전의 플랫폼과 트위터의 차이점은 바로 이것이다. 가령 기존 전통적인 플랫폼에서는 직장인들이 최신 뉴스를 확보한 후 다음 날이 되어서야 의견을 나눌 수 있었는데, 트위터(X)와 스레드에서는 이것을 365일 24시간 실시간으로 나눌 수 있다는 것이다.

트위터(X)와 스레드에서는 요리든, 우주든, 와인이든, 운동화든, 정치든, 스노우보드든 주제와 때를 막론하고 즉시

대화에 끼어들 수 있다. 이 점을 잘 활용하면 대화에 참여하는 사람들이 트위터(X)와 스레드 밖에서도 우리 콘텐츠를 찾아오도록 유도할 수 있다. 그러나 불행히도 이런 소통의 편리성 때문에 트위터(X)와 스레드는 소비 플랫폼보다는 대화 플랫폼으로 자리를 잡은 양상이다.

사람들은 트위터(X)와 스레드에서 많은 이야기를 나눈다. 그런데 대화의 그 엄청난 양으로 인해 불편함이 생기는 문제도 있다. 보통 우리는 서로 대화를 나눌 때보다 기조연설에서 말하는 내용을 더 많이 알아듣는 편이다. 이는 평소 우리가 이야기할 때, 특히 모임에서 말할 때 서로 말하는 것을 가로막기도 하고 겹치기도 하고 해서 혼선이 생기기 때문이다.

쉴 새 없이 올라오는 수다와 방대한 양의 대화는 아이디어의 확산에는 매우 긍정적이다. 하지만 그것이 한계로 작용했으니, 소비자들에게 전하고 싶은 메시지를 정확하게 전달하는 데는 어려움이 있었다.

———— ·

트위터(X)와 스레드가 아직도 사람들의 시선을 끄는 최고의 공간이라는 것은 나를 포함해 우리 모두 알고 있다. 왜냐하면 이들 플랫폼에서의 나에 대한 언급이 다른 모든 플랫폼을 합친 것보다 훨씬 많기 때문이다. 이 상황은 다른 사람들도 마찬가지일 것이다.

이처럼 **트위터(X)와 스레드는 대화형 플랫폼으로 구축되어 브랜드를 성장시키는 시작 단계에서 비즈니스 개발 기회나 협력을 이끌어내기 좋기 때문에 우리가 관심을 가져야 할 최고의 플랫폼이다.**

예를 들어 일부 인플루언서는 인스타그램에서 수십만, 심지어 수백만의 팔로워를 보유하고 있지만 트위터(X)와 스레드에서는 수천 명에 그친다. 부탁이나 협조 요청을 가장 많이 받는 플랫폼은? 인스타그램이다. 그래서 인플루언서들은 인스타그램에서 더 많은 시간을 할애한다. 하지만 상대적으로 경쟁이 덜한 트위터(X)와 스레드에서 다이렉트 메시지를 발송한다면 응답받을 확률이 더 커질 것이다.

트위터(X)와 스레드는 하나의 짧은 의견으로 구성되는 특성상, 주목을 끌거나 유명세를 타기가 어렵다. 따라서 될 수 있는 한 말할 기회를 많이 만들수록 좋다. 다만, 최고의 저녁

식사 손님은 말을 잘할 뿐 아니라 들어주는 것도 잘하는 손님이라는 사실을 기억하자. 그러므로 우리의 재능, 재치, 솜씨 등을 대화의 장으로 가져와 주변 사람을 끊임없이 참여시키며 대화를 지속해 나가자. 그러면 영향력도 커지고, 기회도 많아지는 것을 경험하게 될 것이다.

이토록 많은 사람에게 자신을 소개할 기회를 끊임없이 제공하는 플랫폼은 트위터(X)와 스레드 외에는 없다고 해도 과언이 아니다.

젊은 플랫폼,
틱톡

틱톡TikTok은 2018년 8월, 10대 초반과 청소년층의 폭발적인 관심을 받았던 뮤지컬리Musical.ly를 통합하며 글로벌 SNS의 최강자로 우뚝 섰다. **2024년 현재 10억 명에 달하는 사용자 중 30%는 하루에 1시간 이상을 틱톡에서 보내며, 적극적으로 소통하고 있다.**

젊은층을 주축으로 활기차게 시작한 이 플랫폼은 나이가 있는 청중과도 성공적으로 교류할 수 있다는 증거와 재미를 선사한다. 틱톡 사용자들은 틱톡 앱을 창의력이 넘치는 비범한 앱으로 바꾸어 놓은 것이다. 즉, 이전 세대가 전신거울 앞에서 뽐내며 하던 록스타 흉내나 멋진 포즈를 15초의 립싱크 동영상으로 만들 수 있도록 해준 게 바로 틱톡이다. 이 앱은 오리지널 뮤직은 물론 코미디 스케치, 그리고 심지어 미니 교육용 동영상도 만들 수 있는 플랫폼으로 진화했다.

현재 발레리나, 메이크업 아티스트, 체조선수, 개그맨, 래퍼 그리고 일반 블로거 등 다양한 분야의 사람들이 이 앱을 사용해 자신의 재능과 스타일을 자랑하고 있다. 또 이 앱으로 우리는 15초 길이의 콘텐츠를 만들고, 동영상 클립들을 스토리로 엮어 다른 유저들과 함께 듀엣으로 콜라보레이션을 할 수도 있다.

———

짧은 동영상이라는 특징 때문에 일시적인 유행으로 끝날 것 같았던 틱톡은 지금 승승장구하고 있다. 여기서 우리가 기억해야 할 것은 특정 플랫폼이 얼마나 오래 지속되느냐가 아니라 다른 플랫폼이 등장하든 어떻든 그 플랫폼에서 살아남는 것이다. 따라서 **우리가 청중을 얻고 싶으면 청중이 있는 곳, 청중이 이끄는 곳이면 어디든 가야 한다.**

사용자들에게 호감을 주는 콘텐츠를 파악하기 위해서는 처음 몇 주 동안은 새로운 플랫폼의 콘텐츠를 소비해 봐야 한다. 그런 다음 그 시장을 성공적으로 꿰뚫을 콘텐츠를 만들어 그곳에 우리의 리소스를 투입하자. 이때의 핵심은 전부가 아니라 일부만 투입하는 것이다. 그리고 플랫폼에 익숙해지면 좀 더 투입하고, 나와 잘 안 맞다고 생각되면 적게 투입하자. 이때 어떤 플랫폼이든 나에게 부적절한 것으로 여겨진다면 이는 내 상상력과 비전이 부족한 것이다. 플랫폼의 설계자들은 지금 우리가 뭘 보고 있든 그것보다 더 큰 비전을 가지고 있다는 사실을 의심하지 말자.

플랫폼은 소비자의 니즈에 맞춰 꾸준히 진화한다. 우리가 특정한 플랫폼에 일찌감치 진입한 경우라면 그 플랫폼과 함께 진화할 수 있다. 여기서 우리는 플랫폼 사용자로서의 존재감을 보여주어야 한다. 그러면 언젠가 그 플랫폼 설계자들이 우리에게 협업을 요청할지도 모른다.

이처럼 우리가 신생 플랫폼에서 도약하고자 할 때 감수해야 할 가장 큰 위험요소는 '시간'이다. 마이스페이스나 바인과 같이 한때 잘나가다 몰락한 곳을 선택했다면 그곳에 공들인 시간이 아까울 것이다. 물론 그 시간은 또 하나의 경험으로 남겠지만 말이다.

모든 새로운 플랫폼을 하나하나 경험해 보고 별로여서 그만두는 것은 어찌 보면 자연스러운 일이지만, 플랫폼을 충분히 익히기도 전에 포기함으로써 강제적으로 무산되는 일은 없어야 할 것이다(이는 우리 인생에서도 다른 무언가를 선택할 때 꼭 적용해 볼 만하다).

스토리텔링의 공간, 팟캐스트

유튜브가 SNS의 대세로 자리 잡으며 팟캐스트Podcast의 영향력이 많이 줄어들었지만, 팟캐스트는 다음의 두 가지 이유만으로도 독자적인 영역을 구축하고 성장할 수 있을 것이다.

첫째, 대부분의 사람들은 카메라에 익숙하지 않다. 사람들은 카메라에 비친 자신의 모습이 낯설고 바보 같아 보인다고 느낀다. 그래서 머리 모양이나 안경, 화장에 대해 걱정하고, 조명에 대해 이러쿵저러쿵한다. 하지만 사실 이런 것들은 하나도 중요하지 않다. 오히려 시청자들에게 최상의 경험을 제공하는 데 집중하지 못하게 할 수도 있다. 그런데 팟캐스트에는 이런 거추장스러운 부분들이 훨씬 적다.

둘째, 미국의 경우 1억 3,900만 명의 통근자가 집과 직장을 오가며 296억 시간을 쓰고 있고, 상당한 시간을 차 안에서 보낸다. 그런데 운전을 하느라 동영상을 볼 수 없다. 하지만 팟캐스트는 어떤가? 얼마든지 들을 수 있다. 이런 점에서 카메라 앞에 서기 좋아하는 사람들도 팟캐스트를 시도해 보는 것이 좋다. 모든 것이 초고속인 요즘 같은 세상에, 멀티태스킹은 필수가 아닌가! 실제로 이메일 확인이나 청구서 지불 등 회사에서 간단하게 할 수 있는 일들은 동영상을 보면서 하는 것보다 팟캐스트를 들으면서 하는 게 훨씬 수월하다.

팟캐스트 덕분에 우리는 운전, 운동, 집안일 등 다양한 일을 하면서도 필요한 지식과 정보를 간편하게 얻을 수 있다.

———— ·

콘텐츠를 유료 음악 스트리밍 서비스인 스포티파이Spotify, 애플 팟캐스트Apple Podcasts, 스티처Stitcher, 팟빵Podbbang 등에 업로드를 하든 또는 그밖의 팟캐스트 플랫폼에 업로드하든 간에 우리가 스스로를 차별화할 수 있는 방법은 찾아보기 어렵다. 물론 스포티파이와 스티처에 광고를 게재할 수는 있지만, 이 채널들의 광고료는 아직도 매우 비싸다.

이 글을 쓰는 지금, 팟캐스트 플랫폼 내에서 퍼스널 브랜드를 구축할 수 있는 독창적인 방법은 별로 없다. 즉, 최상의 콘텐츠를 만드는 것 외에 달리 방도는 없는 것이다. 다만, 나의 다른 소셜미디어 채널을 통해 내 팟캐스트를 홍보하는 것은 물론, 나보다 더 큰 영향력을 지닌 다른 사람들과도 공생 관계를 만드는 데 힘을 써야 할 것이다.

차별화를
모색하라

————————————— •

열정, DNA 파악, 퍼스널 브랜드, 바이럴 마케팅 등 지금까지 이 책에서 다룬 것들은 모두 다 예전부터 비즈니스의 성공을 위해 중요하게 여겨져 온 것들이다. SNS로 인해 바뀐 것은 게임의 판도일 뿐이다. 기업가들은 이제 쇠락해 가는 전통적 매체와 광고 플랫폼을 버리고 새로운 소통방식으로, 불과 몇 년 전까지만 하더라도 범접할 수 없었던 시장에 진입할 수 있게 되었다.

문제는 단지 이런 SNS 플랫폼을 이용하는 것만으로는 경쟁에서 앞서 나갈 수 없다는 것이다. 다른 기업가들 역시 유튜브와 페이스북은 물론이고 앞서 소개한 다른 플랫폼들까지 사용할 필요가 있다는 걸 잘 알고 있을 테니 말이다. 그렇다면 이 광대들 무리에서 당신을 차별화할 방법은 무엇일까? (여기서 '광대'라는 말은 물론 좋은 의미로 사용한 것이다) 그것은 앞서 이야기한 도구들을 활용해 자기만의 방식으로 남들보다 우수한 콘텐츠를 만드는 것에 있다.

비타민은 몸에 활력을 주지만 적절한 운동과 영양소 섭취가 뒷받침되지 않는다면 별다른 효과를 내지 못한다. SNS 플랫폼도 마찬가지다. **이 중 어떤 플랫폼이건 당신의 퍼스널 브랜드를 강화해 주고 널리 알려 줄 잠재력을 지니고 있다. 다만 그것들을 최적의 조합으로 활용할 때 비로소 당신은 무시할 수 없을 만큼 비중 있는 존재로 성장할 수 있을 것이다.**

또한 단지 좋은 콘텐츠를 보유하고 SNS를 잘 활용하는 것만으로는 사업을 정상의 자리에 올려놓을 수 없다는 사실도 인정해야 한다. 좋은 콘텐츠를 가진 사람은 부지기수고, 다들 당신과 똑같은 도구를 똑같이 활용한다. 그들이 가지지 못한 것(그들 스스로는 가지고 있다고 생각하지만), 그리고 다음 장에서 다룰 내용들이 결정적인 차이를 만들어 낼 것이다.

Chapter 7

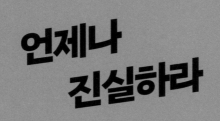

언제나
진실하라

CRUSH IT!

진정성은 언제나
진리다

━━━━━━━━━━   ●

　앞서 나는 자신의 DNA를 따르라고 이야기했다. 진정성
이란 개념은 DNA와 밀접한 관련이 있지만 똑같은 것은 아
니다. DNA는 우리가 어디에 열정을 쏟으면 좋을지, 다시 말
해 우리가 무엇을 하면서 살도록 태어났는지를 말해 준다.
반면에 진정성은 남들에게 느껴지는 것으로, 우리가 사업상
내리는 모든 결정이 얼마나 스스로에게 진실되게 이루어졌
느냐에 따라 좌우된다.

　일례로 나는 내 쇼의 오프닝을 바꾸고 싶었지만, 그렇게
하지 않았다. 오프닝은 거의 매번 이런 식으로 시작된다.

"여러분, 안녕하세요. 와인라이브러리TV에 오신 것을 환영합니다. 저는 게리 바이너척이고, 이제부터 온라인에서 가장 열정적인 와인 프로그램 '선더쇼Thunder Show'를 시작하겠습니다."

그런데 어딘가 와인 애호가들이 와인 전문가에게서 얻기를 기대하는 모습이 아닌 데다 내가 정신 나간 사람처럼 고래고래 소리를 질러대기 때문에 이 순간 시청자의 약 12%가 떨어져 나간다. 사업가로서 12%는 무시할 수 없는 수치다. 그래서 나는 사람들이 내 모습에 질색하며 가버리지 않도록 좀 더 차분하고 세련되게 오프닝을 하고 싶은 마음이 간절했다. 하지만 그게 뜻대로 잘되지 않았다. 그렇게 소리치고 떠들고 과하다 싶을 만큼 들떠 있는 모습이 바로 나의 본모습이기 때문이다. 그래서 만일 내가 그 잃어버린 12%를 되찾겠다고 고상한 말투로 가식을 떨었다가는, 오히려 그간 내가 쌓아온 공든 탑마저 와르르 무너져 버리는 결과를 초래하고 말 것이다. 왜냐하면 그때부터 내가 카메라 앞에서 보이는 모습은 가식적인 모습이 되어버릴 테니 말이다. 나는 내 선더쇼나 유튜브에서 절대 연기를 하지 않는다. 그냥 있는 그대로의 내 모습을 보여줄 뿐이다.

———— .

지금까지 내가 들어본 질문 중 가장 어처구니없었던 것은 "어떤 마이크를 쓰세요?"였다. 나는 이렇게 되물었다. "왜 그런 것에 신경을 쓰시죠?" 좋은 마이크나 카메라, 조명세트를 쓴다고 해서 콘텐츠가 좋아지는 것은 아니다.

선더쇼 첫 회를 촬영하던 날, 나는 비품관리 직원에게 근처에 있는 베스트바이에 가서 400달러짜리 비디오카메라를 사오도록 시켰다(지금은 수천 달러짜리 고급 제품도 가지고 있지만, 대부분의 쇼는 150달러짜리 플립카메라로 찍었고 영상도 나쁘지 않다). 내 쇼에는 무엇이 나올까? 바로 나다. 그리고 가끔 우리 아버지부터 시작해 웨인 그레츠키Wayne Gretzky, 짐 크레이머Jim Cramer 같은 근사한 게스트들과 와인 몇 병 그리고 와인을 뱉는 용도의 '제츠'라고 쓰인 통이 나올 뿐이다. 이처럼 나는 오로지 좋은 콘텐츠를 만드는 데 관련이 있고 필요한 것에만 관심과 노력을 기울인다.

당시 나는 회사의 대표 홈페이지인 '게리바이너척닷컴 garyvaynerchuk.com'조차 특별하게 꾸미지 않았다. 영상 촬영은 대부분 사무실에서 이루어지는데, 사무실은 항상 지저분했다. 좀 더 전문적이고 세련되게 보이도록 정리를 할 수도 있겠지만, 단지 촬영만을 위해서 그런다는 게 내키지 않았다. 대본도 없고 배경에 홈페이지 이름 표시도 없으며, 촬영은 언제나 한 번에 끝낸다. 재촬영도 수정도 없다. 촬영 도중에 사람들이 사무실을 들락거리고, 복도를 지나가는 사람이 보이면 나는 손을 흔들어 인사한다. 촬영 중에 일어나는 모든 일들을 시청자도 고스란히 보게 되는 것이다. 발코니, 호텔 방, 길거리, 편집자 사무실을 막론하고 아이디어가 떠오르는 곳이라면 어디서든 나는 촬영을 했다. 음질이 형편 없을 때도 있고 조명이 좋지 않을 때도 있다. 하지만 내 메시지만 진정성 있게 잘 전달되었다고 생각되면 다른 것은 개의치 않는다.

예전의 인기 스타들은 번드르르하고 매끈하게 잘 포장되어 있어서 그 사람의 진면목을 제대로 파악할 수 없었다. 그들은 정해진 각본에 따라 움직였고, 심지어 연애를 할 때도 마찬가지였다. 평상시에도 그들은 마치 레드카펫이 깔려 있는 듯 우아하게 걸어 다녔다. 그러나 이제는 다 옛날이야기다. 요즘은 화면으로든 온라인으로든 팬들과 소통하며 진솔하고 솔직한 모습을 보여주는 유명인들이 많은 인기를 누리고 있다. **바라는 성공의 크기와 상관없이 당신이 발하는 매력은 진정성에서 우러나온 것이어야 한다.** 그래야만 사람들이 당신의 사이트를 계속 찾아오고 당신의 퍼스널 브랜드와 서비스는 물론, 당신이 제공하는 모든 것들을 세상에 소문내 줄 것이다.

자신의 본모습이 아닌
다른 모습으로는
열정적이고 저돌적이며
혼신의 힘을 다한
노력을 기울일 수 없다.
진정성이야말로
성공을 위해 필요한 에너지를
생산해 내는 원천이다.

지치지 않는
열정

───────────●

　지금까지 나는 '열정적으로 살면서 SNS 도구들을 최대한 활용하다 보면 돈벌이 기회가 저절로 생길 거'라고 누누이 말해 왔다. 또 '성공을 거두려면 자기 분야에서 최고의 콘텐츠를 만들어야 한다'고도 강조했다. 사실 어떤 분야에서 네 번째나 아홉 번째만 되더라도 꽤 괜찮은 수입을 올릴 수 있다. 그러나 진정으로 업계를 평정하여 큰돈을 벌고 싶다면 최고가 되어야 한다. 최고의 콘텐츠로 최고가 되어라. 그러면 아무도 범접할 자가 없을 것이다.

　그런데 한 가지 예외가 있다. **열정과 재능이 좀 부족하고 콘텐츠가 다소 빈약하더라도 더 오래 더 열심히 더 의욕적으로 일하는 사**

람을 이길 수는 없다. 그것이 열정의 힘이다. 정력적으로 일하지 않으려거든 일찌감치 짐 싸들고 집에 가는 편이 낫다.

이 책을 읽고 있는 사람들은 아마 십중팔구 자기가 열심히 일하고 있다고 생각할 것이다. 과중한 노동시간, 변경 불가능한 일정, 이래라저래라 하는 직장 상사들에게 질린 사람들은 자기 사업을 하면 좀 덜 힘들 거라고 생각하기 쉽다. 그들을 실망시키긴 싫지만 더 편한 길을 찾고 있다면 잘못 짚었다. 물론 자기 사업을 하면 예전보다 조금은 더 시간을 유동적으로 쓸 수는 있겠지만, 퍼스널 브랜드를 제대로 구축하려면 어차피 하루 종일 일해야 한다. 또 제대로 일할 경우 눈알이 빠질 만큼 모니터를 들여다보게 될 것이다. 예전 상사를 안 좋게 생각했을지 몰라도, 사업을 궤도에 올려 놓으려면 노예 감시인의 감독을 받고 있는 것만큼이나 혹독하게 일해야 할 수도 있다.

우리 주변을 보면 아직까지도 틈만 나면 농땡이를 부리려는 사람들이 많다. 달랑 3시간 일하고 나머지 시간에는 게임이나 하면서 소셜미디어로 돈을 벌 생각을 하면 안 된다. 그건 고된 노동에 대한 모독이다. 복권에 당첨되지 않고서는 그 정도의 시시한 노력으로 결코 백만장자가 될 수 없다.

───

열정적인 노력의 또 다른 장점은 기울어진 운동장을 바로잡을 수 있다는 것이다. 30년 전만 하더라도 DNA의 확고한 부름을 받고서 아무리 열정을 다해서 일해도 실제로 사업에서 성공할 확률은 십억 분의 1에 불과했다. 성공으로 가는 통로가 너무 좁은 데다 경비도 너무 삼엄해서 성공의 문턱을 넘기가 힘들었기 때문이다. 하지만 지금은 인터넷과 폭발적으로 성장한 SNS 플랫폼들 덕분에 성공의 길이 점점 더 넓어지고 있다. 이제는 집안의 재력이나 인맥이 없어도, 또 뛰어난 학벌이 아니어도 큰 성공을 거둔 사람의 이야기가 더 이상 특별한 화젯거리가 되지 못한다. 누구에게나 가능한 일이기 때문이다.

이제 게임의 승패를 갈라놓을 유일한 수단은 열정뿐이다. 당신보다 자본금이 많거나 평판이 좋은 사람들을 쳐다보지 말고, 그들과 애써 경쟁하려 들지 마라. 당신이 매출 100만 달러짜리 사업을 하는데 제일 막강한 경쟁 상대의 사업 규모는 5,000만 달러일 수 있다. 하지만 당신이 그 사람보다 더 열심히 일한다면 언젠가는 그를 이기게 될 날이 분명히 올 것이다.

무언가에 미치려면 희생이 따른다. 진정으로 퍼스널 브랜드를 구축하기 원한다면 닌텐도 게임이나 하면서 노닥거릴 시간이 없다. 보드게임이나 포커를 즐길 시간도 없다. 밥 먹고, 중요한 사람들을 만나고, 아이들과 놀아주는 시간 외에는 매일 새벽 3시까지 컴퓨터 앞에 앉아 있어야 할 것이다. 직장에 나가지 않거나 은퇴를 한 경우라면 자정쯤에는 일을 끝낼 수 있을지도 모르겠다. 하지만 질릴 만큼 일할 각오를 해야 한다.

그런데 열정적으로 살다 보면 오히려 더 많은 시간을 일에 투입하고 싶어질 것이다. 소파에 드러누워 팝콘을 먹으며 TV를 볼 여유가 없기도 하지만, 애초부터 그럴 필요가 없다. 스트레스도 받지 않고 피곤하지도 않을 테니까! 오히려 마음이 편해지고 활력이 넘칠 것이다. 일에 대한 열정과 애정이 성공하기까지 줄기차게 일할 수 있는 힘을 준다. 시간 가는 줄 모르게 되고, 잠자리에 들기가 싫어지며, 아침에는 얼른 일어나 일하고 싶은 마음에 설레어 눈을 뜨게 된다. 콘텐츠와 더불어 생활하고 호흡하며, 관련 주제와 도구를 익히고, 경쟁 상대에 대해 연구하며, 관심사가 같은 사람들과 쉴 새 없이 이야기하게 된다.

단, 그렇게 스스로를 채찍질하며 최선을 다하고 있더라도 당장 눈에 보이는 성과를 기대해서는 안 된다. 이런 조급함 때문에 온라인으로 퍼스널 브랜드 구축을 시도하는 뛰어난 사업가들이 결국 끝을 보지 못하고 좌절하곤 하는 것이다.

인내심, 인내심,
그리고 인내심!

━━━━━━━━━━━━━ ●

　나에게 상담을 요청하는 사람들 중 열에 아홉은 불평불만에 가득 차서 이런 볼멘소리를 한다.

　"저는 열심히 일하고 있고, 꽤 잘하고 있는 것도 같은데 크게 달라지는 건 없네요. 왜 그럴까요?"

　그래서 내가 그렇게 일한 지 얼마나 되었느냐고 물으면 보통 "6주요" 같은 대답이 돌아온다. 6주라고? 6주 만에 사업이 대박 난다고? 아이고 두 달, 반년도 어림없다. 사업을 시작한 지 1년도 안 되어 생각만큼 돈이 안 벌린다며 푸념을 하는 사람들은 내 말을 제대로 듣지 않은 것이다. 나는 당신이 행복하게 지내면서 어마어마한 돈을 벌 수 있다고 했지, 그

돈을 하루아침에 벌 수 있다고 말한 게 아니다.

내가 퍼스널 브랜드로 돈을 벌려면 어떻게 해야 하는지를 설명할 때, 많은 사람들은 자기가 듣고 싶은 부분만 골라 듣는 경향이 있다. '난 열정이 있고 누구보다 더 열심히 일할 수 있어. 인내심? 그딴 건 개나 줘버려. 불도저처럼 돈을 싹 쓸어버릴 테니까'라고 생각하는 것이다. 그러나 **인내심이야말로 사람들이 잘 모르는 핵심적인 성공비결이다.**

사람들은 일단 사이트를 개설하고 나면 더 이상 뒤를 돌아보면서 행동을 수정하려 들지 않는다. 그런 모습을 보면 불안하고 어리석어 보이기까지 한다. 하지만 인내심을 가지고 철저한 계획과 대비로 만반의 준비를 갖출 때 비로소 자신의 브랜드를 수익으로 전환시킬 커다란 도약이 가능하다.

내가 와인라이브러리TV를 시작한 지 불과 18개월 만인 2007년 말 코난 오브라이언Conan O'Brien이 진행하는 〈레이트 나잇Late Night〉에 나갔다는 사실에 사람들은 엄지손가락을 내밀며 치켜세운다. 하지만 내가 동영상을 촬영하기 시작한 것은 유튜브가 대중화되기 전인 2006년부터였다. 2007년 아이폰이 출시되며 많은 사람들이 아이폰으로 동영상을 시청했을 때 내가 유튜브를 본격적으로 운영했더라면 아마 틀림없이 훨씬 더 빨리 사람들의 레이다 망을 뚫고 들어갔을 것이다. 이처럼 얼핏 보기엔 내가 성과를 빨리 얻은 것 같아도, 전체적인 과정을 들여다보면 꽤 오랜 시간이 걸렸다.

———

내가 쇼퍼스 디스카운트 리커스 매장에서 일하기 시작한 나이가 고작 열다섯 살이었음을 기억할 것이다. 이는 곧 당시에 내가 와인을 마실 수 있는 나이가 아니었다는 뜻이다. 하지만 나는 와인을 보는 안목을 키우고 자신감 있게 판매하고 이야기하다 보면 와인 감별력을 기를 수 있으리라 생각했다. 〈와인 스펙테이터〉에 실린 테이스팅 노트를 모조리 읽었고, 슈퍼마켓에서 흔히 구할 수 있는 식재료들, 즉 배, 파파야, 체리, 초콜릿, 블랙베리 따위로 풍미를 구분하는 법을 익히기 시작했다. 거기서 멈추지 않았다. 더 이국적인 재료, 이를테면 카시스, 블랙라스베리 잼, 스타프루트 같은 향까지도 찾아 나섰다. 그렇게 나는 공부를 계속해 나갔다. 그리하여 스물한 살 무렵에는 와인을 많이 마셔보지 않고도 놀라운 감별력을 갖게 되었다.

와인라이브러리TV, 그리고 나중엔 게리바이너척닷컴을 시작하겠다는 아이디어를 구체화하기 시작했을 때 나는 소셜미디어 비즈니스도 와인을 배울 때와 마찬가지로 인내심을 가지고 배워야 한다고 생각했다.

와인라이브러리 매장을 키운 것도 80%는 인내심이었다. 당시 나는 스물두 살이었고, 매출 1,000만 달러 규모의 사업체를 운영 중이었다. 일단 가게에 발을 들여놓은 손님들에게는 구식 판매수법으로 갖은 노력을 다해 최대한의 매출을 올렸다. 와인 한 병을 사러 온 사람이 보통 세 병씩 들고 나가는 식이었다. 연봉으로는 2만 7천 달러를 받았다. 400~1,000만 달러 정도의 매출을 올리는 청년 사업가들은 대부분 자신의 수완과 노고의 대가로 멋진 자동차, 근사한 아파트 한 채쯤은 받을 만하다고 생각한다. 하지만 그런 생각은 떨쳐버려

라. **당신을 가장 마지막 순위에 두어야 한다. 자신에게 돈을 쓰기보다 먼저 장기적인 미래에 투자해야 한다.** 수익이 생기면 바로 연구비와 콘텐츠 개발비, 직원 상여금으로 돌려라. 주인이 돈을 빨리 끌어다 쓰면 쓸수록 성공을 공고히 할 수 있는 기회는 점점 더 줄어든다. 그러니 자신에 대한 보상은 가급적 마지막으로 미뤄라.

사업가로서 대박 성공을 향한 포부와 열망이 컸던 만큼 나는 선더쇼를 시작하고 1년 반 동안은 한눈을 팔지 않았다. 조급하게 굴었더라면 아마도 작은 성공밖에 거두지 못했을 것이다. 하지만 인내심을 가지고 철두철미하게 일을 진행해 나갔기 때문에 강연과 컨설팅 요청이 들어오고 광고주들이 나타나기 시작했을 때 뒷걸음질 치지 않고 그 기회를 덥석 잡을 수 있었다.

어떻게 나처럼 성미 급한 사람이 그토록 오랫동안 참을성 있게 기다릴 수 있었을까? 그건 내가 100% 행복했기 때문이다. 나는 내 일을 사랑했고, 사업이 대박 날 거라고 마음속 깊이 확신했다. 하지만 설령 실패했더라도 후회는 하지 않았을 것이다. 내가 하고 싶은 일을 내가 원하는 방식대로 했으니까!

이제 사업을 할 때 열정이 왜 그토록 중요한지 이해가 되는가? 돈을 좇아서 사업을 하다 보면 끝까지 버텨 낼 수 없다. 쏟아지는 일거리에 금세 지치고 좌절하여 결국에는 사업을 접게 된다. 브랜드 구축과정을 단거리 경주가 아니라 마라톤으로 생각해야 하는 이유이다. 결과가 나오기까지 시간이 더 걸리더라도 7년, 9년, 15년 뒤까지 버텨 낸다면 자신이 하는 일을 계속 사랑하게 될 것이다.

그런데 이렇게 많은 시간과 노력을 들여서 정확히 무슨 일을 해야 할까?

자기 분야 최고의 전문가가 되고 최고의 퍼스널 브랜드를 구축하기 위해서는 관련 주제에 대한 공부, 플랫폼 연구, 블로그 포스트 작성 등 필요한 모든 일을 해야 한다. 그리고 그중에서 특히 중요한 것은 커뮤니티 형성이다.

Chapter 8

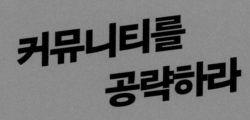

커뮤니티를
공략하라

커뮤니티 형성의
첫 단계

많은 사람들이 블로그 디자인과 콘텐츠 작성 및 촬영에 온 힘을 쏟고 있다. 그러나 콘텐츠 제작은 큰일이 아니다. 또 무엇보다 상품이 좋아야 하겠지만 상품 역시도 전체 과정 중에서는 시간을 많이 들일 부분이 아니다. 진짜 본 게임이 시작되는 건 포스트 작성이나 촬영 및 업로드가 끝나고 난 뒤부터다. **커뮤니티 형성이야말로 모든 에너지를 쏟아부어야 할 가장 중요한 단계이며, 성공과 실패가 갈리는 지점이다.**

커뮤니티의 형성은 대화로 시작된다. 새로운 집으로 이사를 가게 되면 우리는 저녁에 동네에서 개를 산책시키는 사람들과 만나 악수를 나누고, 정원을 멋지게 가꾼 집의 주인을 칭찬하면서 이웃과 친해지게 된다. 또 컨퍼런스에 참석하면 다른 참석자들에게 자기 소개를 하고, 마주치는 사람들과 악수를 나누면서 안면을 튼다. 온라인에서 커뮤니티를 형성할 때도 마찬가지다. 내 브랜드를 알아줄 사람들을 확보하려면, 온라인 세상으로 들어가 악수를 청하고 관련 주제에 대한 기존의 대화에 빠짐없이 참여해야 한다. 하나도 빠짐없이 전부!

아무리 사소한 주제라 해도 온라인에는 그 분야를 파고드는 사람들의 카페가 존재한다. 그런 카페를 찾아내야 한다(인터넷 검색부터 시작하면 된다). 블로그 포스팅을 마치고 나면 나는 매일 밤 8~9시간씩 온라인에 포진되어 있는 와인 카페들을 찾아 어떤 사람들이 와인이나 와인과 관련된 주제 또는 상품에 대해 이야기하는지 - 그들이 무슨 이야기를 하고, 어디를 가고, 어떤 글을 읽고, 무엇을 마시고, 무엇을 구매하며, 무엇을 혹평하는지 - 에 관한 정보를 최대한 많이 찾아다녔다. 그런 다음에는 그들과 접촉을 시도했다.

나는 하루에도 수백 개의 블로그 포스트를 읽고, 그 상당수의 글에 댓글을 달았다. 또 와인 카페에서 시간을 보내며 다른 사람들이 남긴 글을 읽고 그들의 의견에 댓글을 달았다.

당신도 나와 같이 하면 된다. 방법은 다음과 같다.

1. 블로그 포스트를 작성한 후 가급적 모든 SNS 플랫폼에 콘텐츠를 노출시킨다.

2. 다른 사람들의 콘텐츠를 살펴본다. 해시태그 검색을 통해 다양한 SNS 플랫폼에서 관련 주제에 대해 언급된 내용들을 일일이 검색한다. 그렇게 찾은 모든 블로그와 카페의 포스트 및 SNS에 댓글을 남긴다. 이제부터는 시시껄렁한 말들을 늘어놓아서는 안 된다. 당신은 전문가가 아니던가! 해당 주제를 좋아하고 그동안 나름의 연구를 해온 만큼, 이제는 당신의 블로그로 찾아올 수 있도록 이름과 링크를 달아 전문적이고 호기심을 자극하며 지적인 댓글을 달아야 한다.

3. 이제 사람들을 붙잡을 일만 남았다. 하고자 하는 이야기를 효과적으로 잘 전달했다면, 사람들은 당신이 하는 말에 관심을 갖게 될 것이다. 당장 당신을 팔로우하지는 않을 수도 있다. 그러나 자기 사이트에서 당신을 자주 보다 보면 호기심이 생겨 당신의 블로그를 찾아볼

가능성이 높다. 그 순간 그들을 붙잡아야 한다.

어느 시점에 이르면 당신의 비즈니스로 사람들의 시선이 쏠리기 시작하고 커뮤니티의 초점이 옮겨질 것이다. 이때부터 당신은 당신의 주력 분야에 관심을 보일 만한 사람들과 관계를 맺게 되고, 이후로는 늦은 밤시간마다 의견을 남긴 사람들에게 답을 해주어야 할 것이다. 커뮤니티의 형성과 유지는 사업과 늘 같이 가야 할 부분이다.

———— ·

어떻게 하면 팬층을 공고히 할 수 있을까? 정답은 '관심'이다. 그래도 괜찮겠다 싶으면 나는 사람들과 전화 통화도 서슴지 않는다. 내 와인 블로그 동영상에서 뒤에 보이는 칠판은 내 열성 팬들을 위해 일부러 마련한 것이다. 거기에 써놓는 글은 그들을 위한 비밀 메시지이거나 우리끼리의 농담이다. "이봐요, 보고 계시죠? 고마워요"라는 뜻을 전달하는 이런 작은 표현들이 커다란 가치를 만들어 낸다.

관심을
붙들어라

━━━━━━━━━━ •

　이제 당신이 말하고자 하는 주제에 관심을 보이는 사람들을 당신의 블로그로 끌어들였다. 이제부터는 내가 와인 한 병을 사러 온 사람들에게 세 병씩 들려 보냈을 때 썼던 방식을 그대로 따라 하면 된다. 접촉하는 모든 사람에게서 최대한의 수익을 창출해 내는 것이다. 이 경우에는 사람들에게 마실 것을 주는 게 아니라 생각할 거리, 궁극적으로는 이야기할 거리를 주면 된다. 당신의 콘텐츠가 쌈박하고 흥미로우며 눈을 떼지 못할 만큼 재미나다면 - 당신이 최고라면 마땅히 그래야겠지만 - 블로그 방문자 중 상당수가 기꺼이 정기적인 구독자이자 시청자, 청취자로 자리 잡을 것이다. 이를

용이하게 하는 수단을 사람들에게 제공해 주면 된다.

이때 우리는 다음과 같은 유저 인터페이스와 행동유도 버튼을 잘 활용해야 한다.

- **구독하기** - 블로그에 포스트가 올라갈 때마다 알림을 보내 준다.
- **팔로우** - 트윗과 상태 업데이트에 대한 알림을 보내 준다.
- **공유하기** - 방문자가 페이스북, 블로그 등에 당신의 포스트 링크를 걸 수 있도록 해준다.

이제부터는 흡인력 있는 콘텐츠를 만들어 소문을 점점 더 널리 퍼뜨려 나가는 장기적인 목표를 향해 나아가면 된다. 구독자가 당신의 블로그에 댓글을 남기고 포스트를 자신의 블로그나 페이스북에 담아가면, 다른 친구들도 그것을 보고 똑같은 과정을 반복해 나갈 것이다. 더디더라도 확실한 방법이다. 이런 식으로 친구에서 친구로 계속 이어져 나가다 보면, 어느 순간 작았던 커뮤니티가 거대 커뮤니티로 폭발적인 성장을 이루게 될 것이다.

한 사람의 힘을
무시하지 마라

————————————— ●

커뮤니티가 시작되는 시점은 언제로 보아야 할까? 단 한 사람이라도 당신의 이야기를 듣고 있다면 바로 그 순간부터다. 와인라이브러리TV의 첫 시청자는 5명이었다.

한 사람이라도 포스트를 읽거나 보거나 듣고 있는 날은 축하할 만한 날이다. 누군가 당신의 세계, 당신의 인생, 당신의 생각에 관심을 가지고 있다는 사실은 놀라운 일이다. 그것을 당연하게 여겨서는 안 된다. **당신을 흥미롭게 바라보는 한 사람들의 입소문은 어마어마한 파급력을 지니고 있다.** 정말이다. 언젠가는 대화를 이어가고 서로를 속속들이 알 수 있었던 작고 친밀했던 커뮤니티가 그리워질 날이 올 것이다. 내가 산증인이다(하지만 지금도 나는 여전히 매일 커뮤니티에 참여하려고 애쓴다).

이때 팔로워나 구독자의 숫자에 연연하지 마라. 통계 수치는 그다지 중요하지 않다. 진정으로 중요한 것은 커뮤니티 참여와 당신과의 교류가 얼마나 활발하게 이루어지느냐이다. 이 시점에서는 대화의 질이 대화 참여자의 수보다 훨씬 더 큰 의미를 지닌다. 당신의 커뮤니티에 이야깃거리가 많아서 대화가 떠들썩하게 오고 간다면, 장담컨대 앞으로 참여자 수는 더 늘어날 것이다. 처음 4~5개월 동안 적게나마 방문자 수가 꾸준히 늘어났다면 당신의 뜻대로 되어가고 있는 것이다.

커뮤니티가 형성되었다면
환상적인 마케팅 전략을
펼칠 마당이 확보된 셈이다.
내가 사용하고 있는 전략은
세계 최고이며,
단 한 번도 나를
실망시킨 적이 없다.

Chapter 9

최고의
마케팅 전략

CARE

관심을 가져라

《크러싱 잇!
SNS로 부자가 된 사람들》을
읽어라

Chapter 10

이제
세상에 알려라

CRUSH IT!

모든 플랫폼에
콘텐츠를 배포하라

어떠한 주제를 가지고도 소셜미디어를 이용해 지속적인 수익을 내는 사업으로 전환할 수 있다. Chapter 10에서는 지금까지 알아본 도구와 개념들을 통합하여 신나고 즐겁게 일할 수 있는 비즈니스를 어떻게 구축할 수 있는지 알아보도록 하자.

당신이 공인회계사CPA라고 가정해 보자. 일을 시작하는 첫날부터 당신은 다음과 같은 일들을 꾸준히 지속해야 한다.

1. 도메인 등록업체에서 자신의 '회사명.com' 형식으로 된 도메인 네임을 구입한다. 그 이름이 이미 선점되어 있

어 사용할 수 없다면 '이름.kr'로도 시도해 본다(도메인은 한글도 있고 다양한 형식이 있으니 자기 브랜드와 어울리는 것을 찾는 것이 좋다). 나는 게리 바이너척이라는 특이한 이름 덕을 봤다. 당신이 로버트 스미스라는 이름의 공인회계사라면 가망이 없다. 분명히 누군가 robertsmith.com이나 robertsmithcpa.com을 선점해 버렸을 테니까. 그럴 땐 창의력을 발휘하는 수밖에 없다. goodcpa.com은 어떤가?

언젠가 필요하게 될지 모르므로 되도록 .com과 .kr 두 가지를 모두 준비해 두는 게 좋다. 물론 두 가지 모두 개설해야 하는 것은 아니다. 그리고 성장할 기미가 보이는 신생 플랫폼이 나타날 때마다 사용자 이름(이를테면 instgram.com/goodcpa나 facebook.com/goodcpa 등)을 등록해 두자.

다른 도메인 주소, 예를 들어 .net이나 .me 같은 것들까지는 사지 않아도 된다. 물론 내 판단이 틀릴 수도 있다. 이 책에서 내가 하는 제안들보다 직감적으로 더 좋은 방법이 있어 보인다면 반드시 당신의 직감을 따르라!

2. 구입한 도메인 네임과 연결시킬 블로그 사이트에 계정을 만든다.

3. 웹디자이너를 고용하거나 전문가에게 디자인을 의뢰한다. 앞서 나는 사이트의 완성도는 중요하지 않다고 말한 바 있다. 하지만 기본적인 디자인은 되어 있어야 한다. 형편없이 디자인된 웹사이트를 하도 많이 보다 보니, 전문적인 웹디자이너의 손길을 거쳐 링크와 버튼을 적절히 배치한 제대로 된 유저 인터페이스를 갖출 필요가 있다는 결론에 도달하게 되었다. 블로그나 웹사이트 디자인에는 정말로 돈을 들일 만한 가치가 있다. 예컨대 당신이 특정 매장을 거점으로 콘텐츠를 확장하기 원하며, 신규 고객을 매장으로 끌어들이기 위해 온갖 인맥 형성에 노력을 한다고 해보자. 그런데 정작 그 매장이 근사해 보이지 않거나 상품이 제자리에 잘 정리되어 있지 않다면, 아무리 홍보에 공을 들이고 땀을 쏟았다 해도 기대한 만큼의 매출을 얻지 못할 것이다. 900시간이나 애를 써서 새 매장의 오픈 소식을 알린 덕

에 수천 명의 손님이 찾아왔는데, 매출이 별 볼 일 없다면 그 이유는 어디에 있을까? 아마도 매장 레이아웃이나 상품의 진열이 어설프기 때문이 아닐까?

웹 디자인 예산이 빡빡하다면 당장은 무리할 필요가 없다. 일단 사이트 개설을 미루지는 말고 어설프게나마 만들어 두자. 나중에 여유가 생기면 그때 가서 손을 보면 되니까.

4. 유튜브를 운영할 생각이라면 저렴한 카메라를 구입한다. 언제 어디서든 영감이 떠오를 때마다 간편하게 촬영할 수 있는 작고 가벼우면서도 가급적이면 고화질 제품으로 고른다.

5. 페이스북 비즈니스 페이지를 만든다.

6. 구매한 도메인 네임과 동일한 이름으로 트위터(X), 스레드, 인스타그램, 유튜브 계정을 개설한다.

7. 이제는 콘텐츠를 쏟아낼 차례다. 당신은 카리스마 넘치고 화면발도 잘 받는 사람이다. 그런 당신이 '회계사가 들려주는 재미있는 세금이야기'라는 동영상 시리즈를 제작하기로 마음 먹었다. 매일 밤 당신은 동영상 포스트에서 특유의 유머로 세금 규정을 설명하면서 왜 당신이 그렇게 딱딱하고 어려운 분야에 빠져들게 되었는지를 들려준다. 회사에 폐를 끼치지 않는 선에서 하고 싶은 이야기를 마음껏 하라. 이를테면, 현 정부 들어서 바뀐 세제가 일반 납세자들에게 어떤 영향을 미칠지 따위를 설명하면 된다. '5월 31일 종합소득세 신고일을 놓치면 어떻게 될까' '회사를 확장하기 전에 소기업이 고려해야 할 재무전략은 무엇일까' 등등 콘텐츠의 내용은 많으면 많을수록 좋다. 그러다 보면 동종업계에서 당신을 못마땅해 하는 사람들이 생길 것이다. 그들이 유료로 제공하는 정보를 당신은 무료로 제공하니 당연한 일이다. 상관없다. 어쨌거나 결국 시청자들이 회계상의 도움을 필요로 할 때 연락할 사람이 누구이겠는가? 정보를 꽁꽁 숨겨 두고 있는 사람일까 아니면 정보를 공

유할 줄 아는 솔직하고 통 큰 사람일까?

포스트에는 사사로운 이야기도 적당히 섞어 넣어라. 어려운 개념을 설명할 때 자신이 직접 겪은 재미있는 일화를 사용해도 좋다. 당신의 개성이 빛을 발하도록 하여 꼭 회계나 세금 관련 정보를 듣기 위해서가 아니라 그냥 당신을 보고 싶어서 찾아오도록 만들어라.

8. 원하는 모든 플랫폼에 콘텐츠를 배포하라.

9. 구글과 포털 사이트 검색에서 '세금' '퇴직연금' '복리후생비' 등의 전문용어나 당신의 블로그 주제로 삼으면 좋을 키워드를 검색하라.

10. 블로그 검색에서 '세금' '세금신고' 등 일반적으로 쓰이는 용어를 모조리 검색한다. 이런 용어들이 언급된 모든 블로그에 댓글과 이름을 남기고 홈페이지 링크를 걸어두라.

11. 페이스북에서 '회계사'를 검색한다. '페이지' 탭을 클릭하면 수백 개의 팬 페이지가 뜰 것이다. 어떤 곳은 팬이 9명이고 어떤 곳은 수천 명일 것이다. 활동이 왕성한 페이지에 되도록 많이 가입하고, 가입한 페이지는 계속해서 주시하라. 페이지 가입 작업이 끝나면 이번에는 '그룹' 탭에서 같은 과정을 반복한다. 자신의 그룹을 직접 생성하는 것은 권하지 않지만, 관심 분야에 개설된 기존 그룹에는 이름을 올리는 것이 좋다.

12. 전체 과정을 주기적으로 반복하라.

당신의 브랜드가 존재하는 한 이런 과정을 수십 번 반복하게 될 것이다. **이 과정이 지루하고 버거울 것 같다면 그만 이 책을 덮고 당신에게 주어진 삶을 최대한 즐겨라. 당신은 사업에는 적합하지 않은 사람인 것 같다.** 하지만 기꺼이 열정을 바칠 각오가 되어 있는 사람에게는 이런 작업이 힘들 게 느껴질 리 없다. 자신이 무엇보다 사랑하는 일에 대해 이야기할 기회가 생기는데 어떻게 지루할 수 있겠는가?

꾸준하게
알릴 거리를 만들어라

1. 이메일 서명, 레터 헤드, 명함에 반드시 당신의 SNS 링크(instagram.com/garyvee 따위)를 전부 넣어라.
2. "저와 함께 일해 보시겠어요?" 같은 문구가 적힌 큼지막한 버튼을 사이트에 반드시 배치하라.

나는 이런 브랜드 구축의 과정을 '단거리 경주가 아닌 마라톤으로 생각해야 한다'고 강조한다. 당장은 이런 버튼이 당신의 브랜드가 궁극적으로 나아가야 할 바를 상기시켜 주는 역할밖에는 하지 못할 것이다. 물론 버튼을 배치해 놓았다고 해서 곧바로 사업 제안이 들어올 가능성은 희박하다.

그러나 누가 알겠는가. 커뮤니티를 형성할 때 그랬듯이 이번에도 다음과 같은 성과들이 있을지?

- 열성적인 팬들의 생성
- 당신의 팬층이 두터워지는 것을 알아차린 기업들로부터의 협찬상품 무료 제공
- 당신과의 협력이 필요하다고 느끼고 금액도 적당하다고 생각한 사업가들의 사업 제안

'조금이라도 있는 게 아예 없는 것보다는 낫다'는 격언을 좋아하긴 하지만, 나는 반대로 이렇게 말하겠다.

> "블로그로 첫 수입을 거둘 때까지
> 오래 묵히면 묵힐수록 더 좋다."

사람마다 재정상태가 다르기 때문에 광고주 같은 사람이 맨 처음 어떤 제안을 해오면 덥석 받아들여야 할 것 같은 압박감이 들 수도 있다. 하지만 되도록이면 때가 무르익을 때

까지 기다려라. 팔로워가 늘어나고 영향력이 커질수록 요구할 수 있는 금액이 커지기 때문만은 아니다. 돈벌이에 정신을 쏟게 되면 그때부터는 어쩔 수 없이 콘텐츠와 커뮤니티에 소홀해질 수밖에 없기 때문이다.

만반의 준비를 갖추고 있다 보면
언젠가는 당신의 퍼스널 브랜드로
가슴 벅찬 수익을 거둘
기회가 찾아올 것이다.

Chapter 11

수익을 만드는
방법

CRUSH IT!

이제 수익을
창출해야 할 때

━━━━━━━━━ ●

지금까지는 킬러 콘텐츠를 만들어 브랜드를 구축하고 이 메일, 댓글, 공유, 상태 업데이트 등을 통한 커뮤니티 형성으로 사람들에게 당신의 콘텐츠를 홍보하는 데 집중해 왔다. 이제 어느 정도 브랜드가 알려지고 당신의 콘텐츠가 커뮤니티에서 자주 거론되며 사람들의 온라인 활동에서 빼놓을 수 없는 부분이 되었다 싶으면 적극적으로 수익 창출에 나설 때다.

초기에는 소셜미디어 활동을 하는 사람들을 최대한 많이 확보하기 위해 커다란 연못에 대형 그물을 던졌다면, 이제는 무수히 많은 연못들에 일일이 낚싯줄을 드리우고 참을성 있게 기다려야 한다. 계속 열정을 다해 힘쓰다 보면 어느새 존

재감도 생기고 엄청나게 커다란 대어를 낚을 수 있는 기술도
터득하게 될 것이다.

수익 창출의 방법들로는 다음의 것들이 있다.

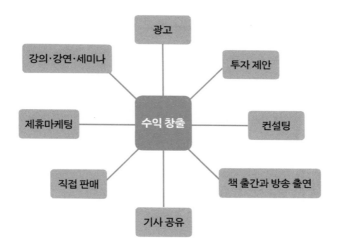

광고

———————————●

　기업들이 전통적 매체에 대한 광고를 줄이면서 방송사와 신문사·잡지사들이 곤란을 겪고 있다. 그도 그럴 것이 방송이나 잡지, 신문의 광고비는 오늘날 기업들이 벌어들이는 수익에 비해 지나치게 비싸다. 물론 그럼에도 불구하고 기업들은 생존을 위해 제품을 판매해야 하고, 소비자에게 존재를 알리기 위해 광고비를 쓸 수밖에 없다. 다만 과거와 달리 전통적인 방식의 홍보에 돈을 쏟아부으며 낭비하려 들지 않는다. 그러다 보니 수조 달러의 광고비가 꾸준히 온라인으로 몰리고 있다. 온라인 공간이야말로 광고주들 입장에서 투자 대비 효율이 가장 높은 곳이기 때문이다.

사람들이, 즉 소비자가 몰리는 곳에 돈도 따른다는 사실을 명심하자. 사람들은 이제 대부분의 시간을 온라인 세상에서 보내고 있다. **적극적이고 활발하며 열정적인 커뮤니티 멤버들이 당신의 블로그에서 시간을 보내고 있다면, 세상의 그 어떤 광고주도 당신의 블로그에 광고비를 쓰지 않을 이유가 없다.**

예컨대 당신이 뉴욕 북부에 사는 원예가 샐리라고 해보자. 당신은 채소 재배에 관심이 많아 그것으로 돈을 벌어 보겠다고 마음을 먹었다. 그래서 SNS에서 열심히 활동하며 댓글을 남기고 수천 명의 다른 열정적인 원예가들과 대화를 나누다 마침내 가장 재미난 채소 재배 전문가로 알려지게 되었다. 아주 잘하고 있다. 이제 파슬리와 고수를 구분하는 데 어려움을 겪는 사람들이 당신의 사이트를 찾아와 올려진 재미있는 동영상을 본다. 동영상의 내용은 굶주린 다람쥐로부터 마지막 남은 토마토를 사수하기 위해 물총을 쏘았지만, 나무 뒤에 숨어 있던 다른 녀석에게 결국 토마토를 빼앗기고 말았다는 내용이다.

사이트를 이용해 돈을 벌 방법으로 가장 먼저 떠오르는 것은 아마도 구글 애드센스Google AdSense 같은 곳에 가입해 관련 분야의 광고를 거는 방법일 것이다. 하지만 이는 내가 권장하는 방법은 아니다. 광고 때문에 콘텐츠에서 시선이 분산되는 데다 사이트가 산만하고 저속해 보이기 때문이다. 게다가 큰돈을 벌 수 있는 것도 아니다. 이보다 훨씬 더 창의적인 방법이 많은데도 불구하고 훌륭한 블로거들이 대다수 그런 식의 돈벌이에 의존하고 있는 것을 보면 실망스럽기 그지없다. **여기 더 좋은 아이디어가 있다.**

1. 사이트 상단이나 하단에 깔끔한 배너광고를 게재한다 (이것 역시 지나치면 안 된다!).
2. 구글에서 관련 주제를 검색하여 나온 모든 블로그와 웹사이트에 들어가 어떤 기업들이 구글 애드센스 광고를 하고 있는지 조사한다. 그리고 해당 기업들에게 일일이 연락해 당신 사이트에 광고를 하라고 제안한다. 이미 다른 웹사이트에 광고비를 지출하고 있는 곳들이니 당신 사이트에 돈을 쓰지 말라는 법이 어디 있겠는가?

강의·강연·
세미나

———————●

다음은 강연 기회를 찾아 나설 차례다. 원예학회나 화훼 전시회가 전국적으로 매주 몇 번이나 열리는지 미리 조사를 한다. 그리고 독창적인 테마나 주제를 정한 후 전시회 기획자들에게 메일이나 전화를 통해 무료 강연을 제안하라. 그로 인해 얻게 되는 것은 무엇일까?

훌륭한 온라인 콘텐츠로 얻을 수 있는 것과 동일한 사회적 자본을 얻게 된다. 즉, 자신의 관심 분야를 사람들 앞에서 이야기할 기회, 그들과 신뢰를 쌓을 기회, 같은 관심사를 가진 사람들에게 직접 자신이 하는 일을 보여줄 수 있는 기회를 얻게 된다.

만약 강연을 들은 사람들 중에 다른 학회나 전시회의 기획자가 있다면, 나중에 자신이 기획하는 행사에 당신을 유료 연사로 초청할 수도 있다. 지금과 같은 무료 강연을 5~6회 정도 더 다녀야 할 수는 있겠지만, 당신이 강연에 소질을 보인다면 청중들이 이런 행사들에서 당신을 보고 싶어 하게 될 테고, 그때부터는 행사 주최 측에서 기꺼이 당신에게 돈을 지불할 것이다. **그렇게 되기까지 시일은 좀 걸리겠지만 뭐가 문제인가? 당신에겐 끈질긴 인내심이 있는데!**

———•

사람들이 농장으로 나와 직접 채소를 가꿔 보고 궁금한 것을 물어볼 수 있는 기회를 제공하자. 처음에는 수업료를 많이 받기 힘들겠지만, 프로그램이 괜찮다고 소문이 나고 당신의 도움으로 가꾼 채소가 잘 자라는 것이 확인되면 그때는 수업료를 올릴 수 있다.

세미나를 하나의 이벤트로 만들어 널리 홍보가 되게 하자. 당신처럼 퍼스널 브랜드를 구축하고 있는 지역의 요리사와 협업하여 함께 수업을 진행해도 좋다. 채소 가꾸기 시간이 끝나면 모두 함께 모여 직접 수확한 채소로 근사한 점심 요리를 만드는 것이다.

또 지역 내 푸드뱅크 관계자를 초청해 사람들이 자기 집에서 손수 기른 채소를 기부할 수 있는 방법과 장소를 알려달라고 하자. 지역의 초등학생, 유치원생들이 오전에 농장에 와서 할 수 있는 현장체험 학습을 계획하는 것도 좋은 방법이다.

제휴마케팅

제휴마케팅 이용도 고려해 볼 만하다. 제휴마케팅이란 당신의 사이트에 정원용품을 판매하는 다른 사이트의 링크를 걸어 놓았을 때, 누군가 그 링크를 타고 들어가 상품을 구매하면 당신에게 수수료가 들어오는 방법을 말한다. 이것은 꽤 짭짤한 수입원이 될 수 있다. 생각해 보라. 수수료율이 20%일 경우, 3,000달러짜리 조립식 온실이 팔릴 때마다 당신이 600달러씩 벌게 되는 것이다. 별로 한 일도 없이 말이다. 제휴 프로그램을 운영하는 곳이 많으니 검색 사이트에서 '제휴마케팅'을 검색해 보자(참고로 내가 가장 좋아하는 웹사이트 중 하나인 uncrate.com은 제휴 프로그램으로 가득하지만 아주 깔끔하게 잘 관리되고 있다).

개인적으로 더 추천하고 싶은 수익 창출방법은 지역 내 업체들과 직접 제휴계약을 맺는 것이다. 가령 원예가 샐리는 지역 내의 한 묘목장에 전화를 걸어 자신의 블로그 링크를 통해 그들의 웹사이트에서 매출이 발생하면 10%의 수수료를 받는 계약을 맺을 수 있다. 너무 돈벌이에만 급급한 사람으로 비칠까 봐 걱정이 된다면 자신이 믿을 수 없는 업체와는 거래를 하지 않으면 그만이다. 당신 역시 믿을 수 없는 상품을 파는 회사와는 제휴계약을 맺지 않을 것이다.

블로그에 광고나 제휴 링크를 거는 데 대한 비난을 불식시키는 한 가지 방법은 당신이 왜 특정 회사를 지지하는지를 직접 설명하는 것이다. 왜 그 회사의 제품이 신뢰할 만하며 당신의 블로그에 해당 링크를 걸기로 했는지 솔직하게 말한다면, 사람들은 대부분 크게 개의치 않을 것이다. 게다가 사회가 점차 영화나 TV의 PPL 광고에 익숙해져 가고 있지 않은가. 매체를 불문하고 광고가 늘어가는 건 거스를 수 없는 추세다.

직접 판매

───────────●

　원예용 장갑이나 장식품, 비누, 모기 퇴치제 등 무엇이든 당신이 관심을 가지고 있고 남들보다 잘 팔 수 있다고 생각되는 상품을 찾아보자. 홍보용 상품을 팔면 더 재미가 쏠쏠하다. 원가 5달러짜리 작업용 티셔츠를 만들어 10달러에 파는 거다. 블로그의 구독자나 시청자가 만 명이라고 하면 그중에서 천 명만 티셔츠를 사더라도 5천 달러가 남는다. 거의 공돈이나 마찬가지다. 게다가 당신의 블로그 이름과 주소가 쓰인 무언가를 사람들이 입거나 쓰거나 전시하게 되면 공짜 마케팅과 함께 입소문 효과까지 얻게 된다.

기사 공유

━━━━━━━━━━━●

인터넷 신문사와 잡지사, 그리고 다른 블로거들에게 당신의 스토리가 담긴 기사를 실어 달라고 요청해 보자. 그들이 난색을 표하면 당신의 블로그에도 그들을 언급해 주겠다고 제안하자. 식품영양 관련 비영리단체에 접촉해 뉴스레터에 넣을 기사를 써주겠다고 하거나, 지역 농산물시장의 간행물 또는 블로그에 글을 기고하고 싶다고 이야기하자.

책 출간과
방송 출연

블로그의 좋은 콘텐츠가 책으로 출간되는 것은 이제 더 이상 신기한 일이 아니다. 갖가지 프랑스 요리 레시피를 실은 줄리아 차일드Julia Child의 《프랑스 요리의 기술Mastering the Art of French Cooking》에서부터 백인을 다각도로 풍자한 〈백인들이 좋아하는 것〉 또는 보기만 해도 살이 찔 것 같은 음식들을 모아 놓은 사진집 〈그래서 네가 뚱뚱한 거야〉까지, 블로그는 이미 오래전부터 베스트셀러가 될 잠재력을 지니고 있음이 입증되어 출판계가 눈독을 들이고 있는 대상이다.

유튜버나 브이로거들 역시 TV 출연의 기회를 자주 얻곤 한다. 아만다 콩돈Amanda Congdon은 인기 유튜브 채널을 운영하다 여러 TV 프로그램의 러브콜을 받았으며, 유명 블로거 페레스 힐튼Perez Hilton도 자체적으로 리얼리티 쇼를 진행하다 지금은 TV와 영화에도 줄기차게 출연 중이다. 앤디 샘버그Andy Samberg는 코미디 극단 '더 론리 아일랜드'로 인터넷에서 대단한 인기를 구가하다 〈새터데이 나이트 라이브Saturday Night Live〉의 스타로 발돋움했다.

컨설팅

당신의 블로그를 찾는 사람들이 늘어나고 언론 보도와 광고 수입, 강연 요청 등이 쏟아지며 세상의 이목이 당신에게 집중되기 시작하면, 다른 원예 블로거들도 요령을 알려 달라는 부탁을 해오기 시작할 것이다. 처음에는 무료로 조언을 해줄 수도 있지만, 당신의 지식이 진정 그들에게 도움이 된다면 비용을 청구해도 무방하다. 당신이 사기꾼 같아 보이지 않고 정직한 인상을 준다면, 현재 당신의 모습이 증명해 주는 만큼 사람들은 그런 비용 청구를 당연하게 받아들일 것이다.

당신이 보드게임으로 사업을 추진하는데, 일이 다음과 같이 진행된다면 어떨까? 정말이지 신이 날 거다.

1. '보드게임TV'라는 이름의 유튜브를 개설한다.
2. 주소록에 있는 사람들에게 전부 이메일을 보내 창고에 처박아 둔 보드게임이 있다면 빌려줄 수 있는지 묻는다.
3. 수중에 들어온 모든 게임들을 검토한다. 포장과 게임의 기원, 마음에 드는 점과 마음에 들지 않는 점, 게임의 역사 등을 조사한다.
4. 해당 게임에 관한 포스트를 작성하고 쇼핑몰 제휴 링크를 건다. 누군가 그 링크를 통해 구매를 할 때마다 수수료가 들어온다.
5. 몇 개월간 동일한 방식으로 작업하면서 약간의 수입을 챙긴다.
6. 이제 새로운 카테고리 '컬렉터 프라이데이'를 만들고, 거기에서 희귀한 게임 이야기를 한다. 당신은 그 게임을 가지고 있지 않지만 누군가 팔려고 내놓은 사람이 있을 수도 있다. 그 사람과 인터뷰를 한다.

7. 몇 달 동안 콘텐츠 작성에 힘쓰다 보면 〈투데이 쇼〉 같은 곳에서 보드게임이나 당신의 유튜브에 대해 이야기해 달라는 제의를 해오는 건 시간 문제다.

8. 어느 날 갑자기 보드게임 제조사에서 연락을 해와 그들이 주최하는 컨벤션에서 강연을 해주거나 회사의 홍보 모델 역할을 해달라고 부탁한다.

당신에게도 이런 일이 생길 수 있다.

아니, 반드시 생긴다.

다시
광고로

————————●

화훼 전시회에 만 명의 입장객을 동원할 수 있는 사람이라면 대기업에 직접 손을 뻗어 봐도 괜찮다. 원예 잡지를 한무더기 사서 하나하나 훑어보며 광고주들을 조사한 다음 트위터(X)나 페이스북에 이렇게 올리면 된다.

"이봐요, BMW. 뭐하러 〈전원속의 내집〉 전면광고에 5,000달러나 쓰세요? 투자금에 비해 얻는 게 별로 없지 않나요? 내 블로그 광고에 2,000달러만 들이면 투자수익률을 엄청나게 높일 수 있을 겁니다."

투자를
제안하라

━━━━━━━━━ •

한 가지 더 시도해 볼 만한 방법이 있다. 하지만 그러려면 아주 특별한 DNA가 필요하다.

1. 먼저 사이트를 개설하고 며칠 동안 공을 들여 킬러 콘텐츠를 만들어라.
2. 대기업 광고대행사에 전화를 걸어 당신이 어떤 콘텐츠를 가지고 있는지 이야기하라.
3. 당신의 전문성과 열정으로 그 사업을 얼마나 크게 키울 수 있는지 설명하라.
4. 아직 당신이 유명해지기 전에 1년간 당신의 쇼를 저렴

하게 구매할 수 있는 절호의 기회를 주겠다고 제안하라.

5. 1년 뒤면 한 회당 3,000달러는 나가겠지만, 돈이 필요한 지금 지원해 주면 당신이 활동하는 내내 끝까지 의리를 저버리지 않고 보답하겠노라 약속하라.

무슨 터무니없는 소리냐고? 분명히 말해 두지만, 이미 실제로 어디선가 벌어지고 있는 일이다. 이 책을 읽고 있는 사람 중에서도 최소한 10명은 그렇게 할 수 있을 것이다.

보다시피 시작은 미약하더라도 이렇게 투자를 받아 큰돈을 벌 수 있다. 낚싯줄을 드리우는 연못마다 깊이가 달라 당장은 꿈꾸는 만큼의 수익을 얻지 못할 수도 있다. 여기서 50달러, 저기서 300달러 들어오는 식으로 찔끔찔끔 돈이 들어올 수도 있다. 하지만 지금 당신은 블로그로 얼마를 벌고 있는가? 한푼도 못 벌고 있다고? 그런데 50달러라고 무시할 것인가? 소리 내어 읽어 보자.

"조금이라도 있는 게
아예 없는 것보다는 낫다."

이 말은 푼돈에 목숨을 걸라는 말이 아니라, 한푼도 없는 주제에 푼돈이라고 우습게 보아서는 안 된다는 말이다. 큰 그림에서 보면 별것도 아니면서 자신을 대단한 인물로 착각하는 사람들이 너무나 많다. 김칫국부터 마시지 마라. 사업상의 결정에 좋지 않은 영향을 미치게 된다.

포부는 크더라도 천천히 작게 시작하고, 차근차근 영리하게 키워 나가라. 그래야 돈도 따르게 되고, 무엇보다 큰 기회가 찾아올 것이다.

Chapter 12

변화에 발 빠르게
대처하라

CRUSH IT!

탄력적 비즈니스가
필요하다

———————————— ●

여러분도 알다시피 나는 모순덩어리다. 그러니 지금 꼭 알아두라고 소개하는 중요한 개념이 지금까지 내가 했던 말과 180도 다르더라도 너무 놀라지는 말기 바란다.

앞서 나는 사업을 성공으로 이끌려면 열정을 다 바쳐야 한다고 입이 닳도록 이야기했다. 맞는 말이다. 또 미리 계획을 세우고 자신이 바라는 바가 정확히 무엇인지, 사업이 어떤 방향으로 나아가기를 바라는지 정해 놓지 않으면 낭패를 보게 될 것이라고도 했다. 역시 맞는 말이다. 사업가라면 당연히 자기 일에 헌신을 다하고 목표를 향해 열심히 달려가야 한다. 그러나 그에 못지 않게 '탄력적 비즈니스reactionary business'도 실천해야 한다.

탄력적 비즈니스의 핵심은 기꺼이 적응하고 변화하려는 마음가짐이자 능력이다. 바로 이 지점에서 대부분의 기업과 사업가들이 실패를 맛보고 만다. 자신의 실수를 인정하려 들지 않거나 앞으로의 사업에 부정적인 영향을 미칠 수 있는 요소가 무엇인지 잘 살피지 않기 때문이다.

인생은 결코 자기 뜻대로 흘러가지 않는다. 신중하게 계획한 사업가의 꿈과 목표도 마찬가지다. 이렇게 판도가 바뀌기 시작할 때 탄력적 비즈니스를 실천하면 현명한 조치를 취할 수 있게 해준다.

변화에 대한
대응

───────────────●

변화하는 환경에 제대로 대처하지 못하는 사업가들이 얼마나 많은지 알면 여러분은 아마 깜짝 놀랄 것이다. 많은 기업들이 잠재력을 충분히 발휘하지 못하는 것은 대개 이러한 이유 때문이다. 이런 일은 늘 벌어지고 있다.

재능 있는 한 여성이 어린이용 샌드위치로 제2의 마사 스튜어트Martha Stewart가 되겠다는 원대한 포부를 품고 자신의 쇼를 시작했다고 해보자. 어느 날 그녀는 '독서를 즐기는 모임'의 핵심멤버들이 자기 쇼의 열렬한 팬이라는 사실을 알게 된다. 그런데도 그녀는 이들의 존재에 주목하고 그들에게 적합한 샌드위치를 만드는 쪽으로 노선을 변경하는 대신, 꿋꿋

하게 물고기 모양의 피멘토 치즈만 만들고 있다. 물론 어린이 세트 전문 블로그를 운영하는 것만으로도 그럭저럭 사업을 꾸려 가긴 하겠지만, 만약 일주일에 하루만이라도 독서모임 사람들을 위한 조촐한 행사용 샌드위치를 만든다면 이 야심찬 여성의 사업 규모가 훨씬 더 커질 수 있지 않을까?

사업 대상을 불필요하게 한정하여 뼈아픈 실패를 겪은 실제 사례가 있으니, 바로 샴페인 크리스탈 Cristal이다. 1990년대 후반 미국에서 판매되기 시작한 이 고급 샴페인은 힙합 커뮤니티로부터 열렬한 환호를 받았다. 그러나 제조사인 루이 로드레의 매니저는 그러한 관심을 수용해 활용하기는커녕 〈이코노미스트〉와의 인터뷰에서 자기네 브랜드가 래퍼나 힙합 팬들과 거리를 두기를 바라는 마음에서 이렇게 말했다.

"그들이 크리스탈을 사지 못하도록 막을 수야 없죠. 돔 페리뇽이나 크룩에서는 아마 천만다행이라고 생각할 겁니다."

그 매니저는 이 인터뷰 하나로 엄청난 시장점유율을 확보할 황금 같은 기회를 그대로 내동댕이쳐 버리고 말았다. 결국 제이 지 Jay-Z 같은 영향력 있는 연예인들이 이 매니저의 태도에 분개해 크리스탈에 대한 불매운동을 벌였기 때문이다.

위기에 탄력적으로
대응하라

━━━━━━━━━━ ●

탄력적 비즈니스와 소셜미디어는 실제로 아무런 상관이 없다. 그러나 소셜미디어에 신경 쓰지 않는 사업가라도 탄력적 비즈니스는 반드시 실천해야 한다.

SNS 플랫폼을 잘 활용하면 브랜드를 최적의 자리나 최고의 수익을 올릴 수 있는 곳으로 만들 수 있을 뿐만 아니라 불미스러운 사건이 터졌을 때에도 효율적으로 대응할 수 있게 된다. 내 경우에도 미국 미식축구리그NFL의 드래프트 이후 ESPN에 출연했을 때 뉴욕 제츠가 마크 산체스Mark Sanchez를 데려간 것을 마땅찮아 하는 모습으로 비쳤던 적이 있다. 내가 구단의 선택과 선수 모두를 못마땅해하는 것으로 보인 모양이지만 사실은 그렇지 않았다. 어쨌거나 나는 혹시 내 모습을 보고 기분이 상했을지 모를 마크 산체스를 비롯하여 모두에게 미안했다. 그런데 만약 이때 SNS가 없었더라면 내가 그런 오해를 바로잡기가 힘들었을 것이다. 하지만 다행히 SNS 덕분에 나는 주말 경기 이후 월요일에 내가 이용하는 플랫폼 중 가장 규모가 큰 와인라이브러리TV에서 내 진의가 무엇이었는지를 확실히 전달할 수 있었다.

───── .

이보다 더 적절한 예는 유튜브를 이용해 부정적인 여론에 적극적으로 대처한 도미노피자의 사례다. 사건의 발단은 점포 직원 두 명이 손님에게 나갈 음식을 가지고 지저분한 장난을 치는 모습을 동영상으로 찍어 직접 유튜브에 유포했던 일에서 비롯되었다. 많은 사람들이 이를 두고 직원들의 몰상식한 행태를 비난하는 한편, 소셜미디어의 폐해를 단적으로 보여 주는 증거라고 성토했다. SNS로 인해 두 멍청이가 단 몇 분 만에 한 회사의 이미지에 먹칠을 했으니 그럴 만도 했다. 도미노피자로서는 억울하기 그지없을 것이다. 물론 직원관리를 못한 것은 잘못이지만 이게 어디 뜻대로 되는 일인가? 다행히 브랜드에는 직접적인 타격이 없었다. 조금이라도 생각이 있는 사람이라면 어느 직장에나 그런 직원들이 있게 마련이고, 패스트푸드점에서 고급 레스토랑에 이르기까지 어느 식당에서든 그런 일이 일어날 수 있음을 이해했기 때문이다. 물론 음식 가지고 장난치는 걸 좋아할 사람은 아무도 없고, 그 직원들은 처벌을 받아 마땅하다.

이때 도미노피자는 탄력적인 비즈니스 감각을 십분 발휘하여 그들의 행동으로 인해 피해를 입기는커녕 오히려 브랜드에 득이 되도록 상황을 전환시켰다. 그들은 범죄행위가 유포된 문제의 진원지인 유튜브로 들어가 같은 채널을 통해 즉각적인 대응에 나섰다. 대표이사 패트릭 도일은 사건에 대한 보고를 받은 지 1시간 만에 진정성 있는 공개사과 방송을 했다. 고객들에게 사과와 함께 앞으로 이런 일이 재발하지 않도록 적극 대처하겠다는 다짐을 한 것이다. 그 모습에 사람들의 마음이 움직였고, 도미노피자는 위기를 극복할 수 있었다.

각 기업의 대표이사나 임원들 역시 이런 문제에 맞닥뜨렸을 때 굳이 홍보팀과 비상대책회의를 열어서 문제를 어떻게 해결할지 논의할 게 아니라, 우선 무슨 말을 할지 빠르게 정리한 다음 직접 대중 앞에 나서서 말하면 된다. **이런 상황을 성공적으로 타개하는 데 필요한 것은 신속성과 정직성, 투명성뿐이다.**

나는 이 사건에 대한 도미노피자의 대응을 보며 전세를 역전시킬 수 있는 계기를 맞을 수 있으리라 보았다. 이 사건을 계기로 도미노피자는 물론 모든 패스트푸드점들이 주방의 모습을 공개하고, 주문한 음식을 기다리는 손님뿐 아니라 누구든 주방에서 이루어지는 일을 실시간으로 볼 수 있게 된 것이다. 스마트폰만 있으면 어느 식당이든 들어가 촬영을 할 수 있는 현실에서, 이런 식의 대응방법이야말로 탄력적인 비즈니스를 실천하는 훌륭한 사례가 되지 않을까 한다.

표현의 자유를
허락하라

─────────●

　SNS로 인해 당신의 이야기는 좋든 싫든 여과 없이 세상에 공개되고 있다. 더 이상은 메시지를 통제할 수 있는 세상이 아니기 때문이다. 이런 점에서 볼 때 당신이 다니는 회사가 생각이 꽉 막힌 회사가 아니라면 개인의 생각이 외부에 나가는 것이 꼭 나쁜 것만은 아니다. 내 생각에 오늘날 대부분의 회사들이 브랜드 구축에서 어려움을 겪는 가장 큰 원인이 홍보부에만 지나치게 의존하는 데 있다고 본다. 홍보부 사람들은 정제되지 않은 채 유포되는 메시지를 두려워한다. 하지만 정작 그들이 해야 할 일은 오히려 그런 메시지를 장려하도록 하는 것이다.

어느 기업이든 모든 직원들에게 각자의 SNS 계정을 통해 자신의 업무와 회사에 대해(보안과 관련된 것을 제외한 하고 싶은 이야기는 무엇이든) 기탄없이 이야기할 수 있도록 해야 한다. 직원들이 느낀 그대로 불만을 토로하고 좌절감을 표시할 수 있도록 해야 한다. 직원들이 회사를 그만두고 나서야 그들의 진짜 속내가 어땠는지 알게 될 텐가. 회사의 분위기가 어떤지 미리미리 파악하여 당장 변화를 시도해야 한다. 게다가 직원들이 답답한 속을 털어놓을 수 있도록 해주는 플랫폼도 있다. 그러니 회사와 업무에 관한 이야기도 회사 안팎에서 자유롭고 허심탄회하게 이야기할 수 있도록 직원들에게 표현의 자유를 주는 것이 필요하다. **직원들이 할 말을 못하도록 억누르는 기업은 기업 스스로에게 필요한 정보까지 차단함으로써 내부에서부터 자기 브랜드를 약화시키는 결과를 초래하게 될 뿐이다.**

당신의 브랜드에 대해 사람들이 무슨 말을 하고 어떻게 생각하는지 알아야만 현실에 맞게 대처할 수 있다. 이를 통해 잘못된 사실이 유포되고 있으면 바로잡을 수 있고, 칭찬의 말이 들려오면 감사를 표할 수 있다. 또 혼동되는 부분이 있으면 제대로 알려 줄 수 있다. 이런 영향력이 미치는 범위는 직원들이나 고객들에게만 한정되는 것이 아니다.

과거 우리는 미디어의 힘에 휘둘릴 수밖에 없었다. 미디어가 우리 이야기를 잘못 전해도 그쪽에서 정정해 줄 의사가 없으면 바로잡을 방법이 없었다. 매체가 그리는 그림이 마음에 안 들어도 그대로 받아들이는 수밖에 없었다. 하지만 이제는 블로그나 페이스북, 트위터(X) 같은 도구들로 미디어와 맞서 싸울 수 있다. 유튜브나 페이스북을 이용해 라이브방송으로 기자회견을 할 수도 있다. 10년 전에도 이런 일이 전혀 불가능했던 건 아니었지만, 그때는 방송 카메라 앞에 서는 것 자체가 커다란 도전이었다.

트렌드에 발 빠르게
대응하라

━━━━━━━━━━━━　●

　차세대 대박상품 개발에 골몰하는 사업가들이 있다. 하지
만 나는 아니다. 나는 차세대 대박상품이 될 만한 것을 찾아
서 그보다 한 걸음 더 나아간다. 나는 사회·문화적 트렌드의
변화에 대응하는 능력을 갈고 닦는 것이야말로 탄력적 비즈
니스의 필수요소라고 생각한다.

　트렌드 파악에 천부적인 소질을 지닌 사람들이 있다. 나
역시 어릴 때부터 크게 유행하겠다 싶은 것들이 직감적으로
느껴졌다. 야구카드, 수집용 장난감, 와인, 인터넷, 비디오 블
로깅이 그랬다. 나는 차세대 트렌드를 읽어 내는 능력을 가
지고 있다고 여겼고, 또 언제 어디서나 아이디어를 찾아 다

녔다.

최근엔 아이들이 마커펜으로 자기들 몸에 문신을 그리고 낙서(보디 그래피티)를 하는 모습이 눈에 들어왔다. 그 이후 나는 출근길 차 안에서 이런저런 생각을 해보았다. 아이들이 직접 자기들 몸에 문신을 그리고 있는 현상에는 어떤 의미가 있을까? 거기에서 사업 기회를 찾을 수 있을까? 어떤 분야를 공략해야 할까?

그러던 어느 날 나의 팬들을 위한 크루즈 여행 행사 중 바하마에 들렀다가 아틀란티스 리조트의 어린이 문신소 앞에 길게 늘어선 줄을 보게 되었다. 이 모습을 보고 내가 만약 잉크 사업을 하는 사업가라면 아동용, 유기농, 무독성, 친환경의 잉크 브랜드를 만들어 자기 몸에 직접 문신을 그리고 싶어 하는 아이들을 대상으로 한 시장을 장악해 보겠다는 마음을 먹었을 것이다. 가게 앞의 긴 줄을 보니 그런 잉크라면 부모들이 틀림없이 사줄 거라는 확신이 들었다.

———•

이처럼 '탄력적'이라는 말에는 항상 문화적 변화 이면에 숨은 뜻을 새겨 본다는 의미가 담겨 있다. 가령 어느 모임에 갔다가 케이블TV를 끊으려 한다는 친구의 말을 들었다고 해 보자. 그 말을 듣는 순간 당신의 레이더가 켜진다. 케이블TV를 끊는다고? 불과 몇 년 전만 하더라도 케이블TV를 끊는 사람은 없었을 텐데 무슨 일이지? 아직도 이 말이 왜 중요한지 모르겠다면 내가 설명해 주겠다. 그 친구의 말은 조만간 TV를 보는 것과 온라인 동영상을 보는 것 사이에 별반 차이가 없어지리라는 것을 의미한다. 넷플릭스, 디즈니 등의 OTT 서비스와 유튜브 등이 영화와 TV 프로그램의 편성표를 무용지물로 만들어 버림으로써 이미 방송시장에는 일대 파란이 일어났다. 이제 리모컨으로 프로그램 제목 검색을 할 수 있게 되었고, 자기 팔에 문신을 그리고 있는 아이들은 유튜브에서 '보디 그래피티'를 검색하여 보디 아트에 관한 동영상 수백 개를 찾을 수 있게 되었다. 아이들은 단순히 방송국에서 송출해 주는 편성표대로만 TV프로그램을 보는 것이 아니라 자율적으로 TV 시청의 경험을 창출해 나가고 있다. 그래피티 유튜브를 운영 중인 사람은 5천 명이던 구독자가 별안

간 수십만 명으로 늘어나는 경험을 하게 될 것이다.

이처럼 **탄력적 비즈니스를 실천하고 있는 사람들에게, 즉 앞날을 내다보고 시장에 적응하며 새로운 커뮤니케이션 기회를 이용할 줄 아는 사람들에게 이러한 변화는 미디어 시장의 파이를 뚝 떼어올 수 있는 절호의 기회가 될 것이다.**

SNS 덕분에 우리는 유효한 데이터에 실시간으로 간편하게 접근하게 되었고, 트렌드에 민감하게 반응하며 위기를 엄청난 기회로 전환시킬 수 있게 되었다. 탄력적 비즈니스는 소셜미디어 플랫폼을 통한 사업 개발에만 한정되는 것이 아니다. 앞으로 업계에 어떤 변화가 닥쳐오든, 탄력적 비즈니스 기술은 그러한 변화를 사업에 이용하는 데 결정적인 역할을 할 것이다.

Chapter 13

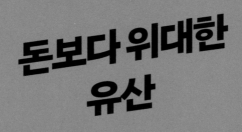

돈보다 위대한
유산

CRUSH IT!

건전한 기업문화를
만들어라

────────── •

메시지 통제는 과거에는 공인들이나 신경 쓸 일이었다. 그들은 스타일리스트와 홍보 담당자를 동원해 자신에 대해 그럴듯한 이미지를 만들어 냈고, 대중매체조차 사실을 밝히기보다는 그들의 수호자 역할을 했다. 덕분에 누구도 대통령의 불륜이나 배우의 마약 복용, 재계 거물의 밀실 거래를 알지 못했다. 그러나 그런 시절은 이미 오래전에 끝났다.

이제는 일반인들도 투명한 어항 속에서 헤엄치는 물고기처럼 대중의 시선에 노출되어 있으며, 그 어항은 우리 스스로가 만든 것이다. 이메일과 메신저, 블로그 포스트, 트윗, 페이스북과 인스타그램 등을 통해 우리는 실시간으로 우리 일상의 다큐멘터리를 써나가고 있다. 따라서 자기 자신을 하나의 브랜드라고 생각하는 사람들은 좋은 아이디어를 통해 자신의 성공담을 널리 알려 황금 같은 기회를 거머쥘 수 있다. **(명심하라. 누구나 스스로를 하나의 브랜드로 생각할 필요가 있음을!)** 물론 실수를 할 경우 숨을 곳이 없다는 단점도 있다. 대중은 자신들이 원할 때만 용서를 해준다. 그러니 그들의 관대함을 시험하기보다, 사업상의 결정을 할 때는 그 실행에 앞서 반드시 미리 결과를 예측해 보는 훈련을 할 필요가 있다.

너무 뻔한 소리 같지만 많은 사람들이 장기적인 안목으로 생각을 하지 못한다. 잘 나가는 사업가는 뛰어난 체스 플레이어와 같다. 그들은 다양한 가능성을 염두에 두고, 하나의 수를 두었을 때 그로 인해 다음에 어떤 수가 이어질지 예측할 줄 안다. 그러나 대다수의 사람들은 자기가 놓은 첫 수조차 돌아볼 줄 모른다(최악의 경우는 아예 신경도 쓰지 않는 사람들이다. 3년 뒤면 자기가 그 자리를 뜨고 없을 테니 회사에 미치는 장기적인 영향이야 어떻든 간에 당장의 주가만 오르면 그만이라고 생각하는 소수의 CEO들처럼 말이다). 그들은 현재의 사업에 도움이 될 것에만 신경을 쓴다. 그런 생각은 어리석은 판단들로 이어지고, 결국 퍼스널 브랜드를 좌초시키고 만다.

　100%의 행복 달성이야말로 열정적인 삶의 목표이다. 그러나 자신이 내리는 결정 하나하나가 단순히 사업 구축에만 영향을 미치는 것이 아니라 위대한 유산을 형성해 나가는 과정임을 깨닫지 못하는 한 그런 행복은 달성할 수 없다.

———·

　야심만만하고 투지 넘치며 성공지향적인 DNA를 가지고 있는 사람들은 본능적으로 퍼스널 브랜드를 최대한도로 확장하려고 든다. 그러나 단언컨대, 오로지 돈만 추구하다 보면 결국 실패하고 만다. **비즈니스를 구축해 나가는 '방식'이 비즈니스를 하면서 버는 돈의 '액수'보다 훨씬 더 중요하다.** 물론 나는 업계 최고가 되고 싶다. 그러나 브랜드를 구축해 나가고, 돈을 벌고, 목표를 향해 나아가는 동안 언제나 내 일거수일투족이 영원히 기록으로 남으리라는 것을 명심 또 명심하고 있다. 가끔은 말을 하다가 욕설이 튀어나올 때도 있는데, 그것이 내 인생의 한 부분으로 그려지게 되리란 걸 생각하면 가슴

한편이 뜨끔하다. 그러나 그것마저도 내 DNA의 표현방식이기에 감내하는 수밖에 없다.

　나는 나 스스로를 돌아볼 때 내가 하는 일이 자랑스러웠으면 좋겠다. 내 아이들과 손주, 증손주들까지도 나를 자랑스러워했으면 좋겠다. 그래서 **나는 모든 결정을 내릴 때마다 '돈의 관점'에서 접근할 것인지, '유산의 관점'에서 접근할 것인지 저울질해 본다.** 이 거래가 돈이 될까? 그렇다고? 좋다. 그러면 그 돈을 버는 방식이 떳떳할까? 그렇다고? 그럼 됐다. 그 거래를 하자. 그러나 만약 두 번째 질문에 대한 대답이 '아니오'라면 나는 그 거래를 밀어붙이지 않는다. 언제나 이기는 쪽은 유산이다.

아름다운 유산을 만들어라

────────────●

　내가 왜 모든 이메일과 트윗, 댓글에 일일이 답하기를 고집하는지는 이처럼 '아름다운 유산'에 집착하는 마음으로 설명이 될 것이다. 초창기엔 두 시간 안에 일일이 답을 달 수 있었다. 하지만 지금은 답을 할 물량이 너무 많아져서 답변을 하기까지 몇 개월이 걸리기도 한다. 그러나 맹세코 언제나 답을 하려고 노력은 한다. 바쁘거나 출장이 많아서 답변이 너무 늦어진다 싶으면 나는 짧은 동영상이라도 찍어서 답장이 늦어지는 이유를 설명하고 가급적 빠른 시일 내에 모두에게 답을 하겠노라고 약속을 한다.

　이쯤 되면 내가 왜 스스로에게 채운 족쇄로 자신을 힘들

게 구속하는지 사람들은 이해할 수 없다는 반응을 보인다. 처음에는 귀엽다고 생각하다가 지금은 나를 정신 나간 사람 취급한다. 어쨌거나 내 활동 반경은 소셜네트워크의 레이더 망 안이다. 내가 대단한 유명인사는 아니지만, 그래도 이만 큼 되기까지 인내와 성실이라는 고유의 브랜드로 나를 관심 있게 지켜봐 주는 충실한 시청자들을 확보했다. 나는 그들에 게 늘 고마운 마음을 가지고 있고, 그들에게 최선을 다하고 싶다. 어떤 친구들은 선의에서 이런 충고를 하기도 한다. 다 른 사람에게 대신 답변을 시키거나 일부 사람들에게만 답을 해준다 해도 사람들이 이해해 줄 거라고 말이다.

어림없는 생각이다. 적어도 내 세상에서는 있을 수 없는 일이다. 얼마나 많은 메시지가 쏟아져 들어오든 그 하나하나 의 이메일과 고객, 친구, 만나게 되는 모든 사람들이 다 소중 하며 존중과 관심을 받아 마땅하다. 나중에 그중에서 누가 좋은 인연이나 사업 기회로 이어지게 될지 몰라서가 아니라 (사실이 그렇기는 하지만) 정말로 모두가 다 소중하기 때문이다. 누군가 귀한 시간을 내어 당신에게 연락했다면 당신도 거기 에 호응할 의무가 있다.

'유산'은 꾸준히 잘 성장해 나가는 브랜드를 확고하게 자리매김시키는 역할을 한다. 소매점에서 일하던 시절부터 나는 그런 생각이 확고했다. 그러던 어느 해인가 뉴욕 웨스트체스터에 사는 한 고객이 화이트 진판델을 주문했는데 며칠이 지나도록 받지 못하고 있다는 사실을 뒤늦게 알게 되었다. 그런데 하필이면 날짜가 12월 22일이어서 어느 택배 업체로도 크리스마스 때까지 와인을 배달할 수 없었다. 불만이 접수되긴 했지만 그 고객이 단골도 아니었고 특별히 큰 주문 건도 아니어서 주문부서에서 나에게 알리지 않은 사안이었다. 우연히 내가 그 소식을 접하게 되었을 땐 할 수 있는 일이 한 가지밖에 없었다. 나는 화이트 진판델 상자를 내 차에 싣고 한 치 앞도 보이지 않을 만큼 폭설이 쏟아지는 도로를 장장 3시간이나 달려서 고객의 집으로 찾아갔다. 고객은 수백 킬로미터 떨어진 곳에 살고 있었고, 그때는 1년 중 가장 바쁜 시기였다. 도로에서 보낸 왕복 6시간을 매장에서 썼다면 매출에 큰 도움을 줄 수 있었을 것이다. 하지만 나는 어느 쪽이 더 가치 있는

가를 따지지 않았다. 그 고객은 멀리 떨어진 곳에 사는 할머니이다 보니, 앞으로 파티를 자주 열어 우리를 와인 독점 공급업체로 이용할 일도 없는 사람이었다.

그러나 나는 매장의 기풍을 조성하는 것이 내 몫임을 잘 알고 있었고, 그 일을 계기로 완벽하게 그 목표가 달성되었다. **우리 회사의 기업문화는 내가 고객에게 와인 상자를 배달했던 바로 그날부터 확고히 정착되었다.** 이메일 하나하나에 답장을 할 때에도 나는 똑같은 철학을 견지한다. 온라인에서든 오프라인에서든 사람들과 인연을 맺고 의미 있는 관계를 지속해 왔기 때문에 지금 우리가 존재할 수 있는 것이다.

건전한 기업문화의 조성과
유산의 확립,
이 두 가지를
늘 가슴에 새겨라.

퍼스널 브랜드 체크리스트

1. 당신에게 열정이 있는 분야를 찾아라.

2. 최소 50개 이상의 블로그 포스팅 주제가 떠오를 정도로 당신이 그 분야에 열정이 있는지 확인하라.

3. 다음의 질문에 답하라.

   - 내 열정에 자신이 있는가?

   - 이 분야에 대해 누구보다 잘 설명할 수 있는가?

4. 브랜드의 이름을 정하라. 모든 콘텐츠와 완벽히 맞아야 할 필요는 없지만, 그 이름의 의미는 정확해야 한다.

5. 가능하다면 도메인을 구입하라.

6. 비디오, 오디오, 텍스트 등 당신이 만들 콘텐츠의 형태를 선택하라.

7. 홈페이지를 제작하라.

8. 디자이너를 고용하거나 의뢰할 전문가를 찾아라.

9. 홈페이지의 중요한 위치에 페이스북 링크, 연락 버튼, 공유 버튼, 초대 기능 등을 넣어라.

10. 페이스북 비즈니스 페이지를 만들어라.

11. 당신이 콘텐츠를 공유할 채널들을 선택하라. 페이스북과 인스타그램은 필수다. 다른 채널들은 당신의 필요와 선호에 맞춰 결정하라.

12. 각각의 채널에 콘텐츠를 포스팅하라.

13. 다른 사람의 블로그에 댓글을 달면서 커뮤니티를 형성하라. 다른 사람의 답글에는 반드시 답해야 한다.

14. 트위터(x)와 스레드 검색을 활용하여 당신의 주제에 대해 이야기하는 사람을 최대한 많이 찾아 그들과 소통하라.

15. 블로그 검색과 구글을 활용하여 당신의 주제와 관련된 더 많은 블로그를 찾아라.

16. 페이스북에서 당신의 주제와 관련된 '페이지'와 '그룹'에 최대한 많이 가입하라.

17. 12~16번을 계속해서 반복하라.

18. 또 반복하라.

19. 다시 한번 반복하라.

20. 당신의 퍼스널 브랜드가 어느 정도의 관심과 충성도를 가졌다고 판단되면 광고를 협찬할 곳을 찾아 수익화를 시작하라.

21. 당신의 사업을 즐겨라.

감사의 글

　많은 분들의 도움이 없었다면 이 책은 세상에 나오지 못했을 것이다. 무엇보다 가까이 있는 가족들이 큰 힘이 되었다. 세계 최고이자 둘도 없는 내 아내 리지는 나와 한배를 탄 사람으로 내가 많은 것을 이룰 수 있게끔 든든한 지원을 해주었다. 동업자 타마라와 사냐는 내 인생에서 없어서는 안 될 존재로, 그들이 없었다면 나는 지금 이룬 성과의 절반도 이루지 못했을 것이다. 동기인 리즈와 AJ는 내 소중한 피붙이로, 그들과 함께 자라온 매 순간이 즐거웠다. 다른 형제 알렉스와 저스틴에게도 사랑을 전한다. 마지막으로 눈에 넣어도 안 아픈 딸 미샤는 그동안 내가 미처 몰랐던 사랑을 깨닫게 해주었다.

가족 다음으로는 훌륭한 팀이 지금의 결실을 맺는 데 많은 도움을 주었다. 내 절친인 브랜든 원키는 와인라이브러리를 책임지고 운영해 주어 내가 자유롭게 다른 많은 일을 할수 있게 해주었고, 사촌인 바비 시프린은 사촌 형을 넘어서내 가장 친한 친구다. 비서 매트 시토머는 매일 누구보다 많은 도움을 주는 친구이자 조력자로, 그 점에 너무나 감사하고 그런 사람이 우리 팀에 있다는 게 얼마나 행운인지 모른다. 에릭 캐스트너와 존 카시마티스는 내게 SNS로 통하는 문을 안내하고 내 가치관에 커다란 영향을 주었다. 나는 그들을 가족처럼 여긴다.

하퍼스튜디오의 유능한 팀이 없었다면 이 책이 여러분 앞에 나올 수 없었을 것이다. 선견지명이 있는 데비 스티어는한 컨퍼런스에서 내가 강연하는 모습을 보고 내 책을 출간하겠다고 다짐했다고 한다. 그녀의 생각이 옳았다. 그리고 그녀가 출판과정에서 보여 준 우정과 추진력, 에너지를 생각하면 이 책은 내 책인 만큼이나 그녀의 책이라도 해도 과언이 아니다. 밥 밀러는 내가 그의 사무실에 처음 방문했을 때부터 비전을 가지고 이 프로젝트를 지지해 주었다. 텍사스주

오스틴에서 스테파니 랜드를 마주한 순간 나는 그녀가 이 책을 쓰는 데 도움을 주리라는 것을 직감했다. 얼굴에 그렇게 쓰여 있었다. 내 매력과 카리스마로는 그녀의 마음을 사로잡기에 부족했을 테지만, 나에게 이야깃거리가 있다는 것을 알자마자 그녀는 곧장 일에 착수했다. 브룩스그룹의 여인들인 캐롤라인, 니키, 에리카 그리고 레베카에게도 특별한 감사를 전한다. 이들은 그야말로 최고이며 24시간이 모자랄 만큼 애써준 그들의 노고에 깊이 감사한다. 장인어른은 훌륭한 인품과 통찰력으로 큰 도움을 주셨다. 끝으로 마지막 순간에 트래비스 캘러닉이 사려 깊은 의견으로 완벽한 피드백을 주지 않았더라면 이 책은 지금과 같은 완성도를 갖추지 못했을 것이다.

이 모든 분들에게 심심한 감사를 표한다.

게리 바이너척

당신의 콘텐츠가 비즈니스가 된다
크러쉬 잇!(CRUSH IT!)

초 판 1쇄 발행 2019년 5월 20일
개정판 1쇄 발행 2024년 8월 30일

지은이 게리 바이너척
옮긴이 최소영
펴낸이 백광옥
펴낸곳 (주)천그루숲
등 록 2016년 8월 24일 제2016-000049호

주소 (06990) 서울시 동작구 동작대로29길 119
전화 0507-0177-7438 **팩스** 050-4022-0784 **카카오톡** 천그루숲
이메일 ilove784@gmail.com

기획·마케팅 백지수
인쇄 예림인쇄 **제책** 예림바인딩

ISBN 979-11-93000-53-3 (13320) 종이책
ISBN 979-11-93000-54-0 (15320) 전자책